# メタフィジカルデザイン

つくりながら哲学する

瀬尾浩二郎

左右社

METAPHYSICAL DESIGN

# メタフィジカルデザイン

## つくりながら哲学する

瀬尾浩二郎

# はじめに

　何かを「つくること」と「哲学すること」。はたして、この二つの間には、どのような関係があるのでしょうか。

　また、その二つをつなぐ何かがあるとしたら、一体どのようなものなのか。もしくは、視点をぐっと遠くへ移動させて「つくること」と「哲学すること」を俯瞰して、一つの視野に収めると、その営みはどのように見えるのか。この本をとおして、これらの問いに対する私なりの見解を示してみたいと思います。

　期待を先に述べてしまうと、何かをつくるにあたって、哲学することはなんとなく役に立ちそうな気がしてしまうのです（そう感じるのは、私だけでしょうか?）。でも、そのように期待して哲学者が書いた本を読んでみても、何かヒントを得たような気がするだけで、実際に手を動かすとなると具体的にどうすればよいのか分からない。もしかすると、この本を手に取った人の中には、同じような経験をした人がいるかもしれません。

タイトルにある「メタフィジカルデザイン」とは、私の会社がつくり出した造語――概念――で、「つくりながら哲学すること」、もしくは「哲学しながらつくること」をデザイン実践の一つとして捉えようとするものです。

この本を別の言葉で説明すると「つくるための哲学入門」と表現することができます。哲学する上で重要な、物事を考え進めていくための「問い」と、考えたことを整理し定義するための「概念」を主な道具として紹介します。また、ここで言う「つくること」とは、座りやすい椅子や、コンピューターのプログラム、アート作品といった具体的なものから、社会における制度、理念、より抽象的な概念といったものまで――つまり、「つくった」と言えるものならなんでも――を対象としています。

さらに、もう一つ本書に別のタイトルをつけてみると「哲学すること――哲学の実践――の手引き書」とすることもできそうです。私は、生活や仕事といった日常の中で気になる問いを見つけ、哲学していくことは、最終的に私達の手の中から新しい社会をつくっていくことにつながると考えています。そう考えた上で、社会をとおしてどのように哲学することができるのか。もしくは、社会をとおして哲学するとはどういうことなのか。この問いに対しても、最後に一つの回答を示してみたいと思います。

第1章では、哲学することの入門として「問いの立て方」を紹介します。生活や仕事の中で気になることから哲学しようと思ったとき、きっかけとなる問いをどのように見つけていくことができるのでしょうか。また、哲学的な問いと哲学的ではない問いの違いとはどのようなものなのでしょうか。簡単なレッスンを挟みながら、そもそも「問いとは何か？」についても、考えてみたいと思います。

第2章では、哲学研究において近年注目を集めるようになった概念工学——私なりの理解によれば、概念のデザイン——を紹介します。概念は私達が物事を認識するためのツールです。もし今使っている概念に問題があれば、それを修正する必要があるでしょう（概念は人がつくったものなので、人の手で修正することもできるはずです）。また、必要な概念がまだなければ、新しく考えることもできます。概念工学ではこのような概念の改良や新しい概念のつくり方を検討します。

第3章では、「つくりながら哲学すること」、または「哲学しながらつくること」をデザインの枠組みから捉え、「メタフィジカルデザイン」という概念の提案を行います。哲学とデザインの関係をひもときながら、発想することと哲学することの違い、そして「社会をとおして哲学すること」とは、どのようなことかまで考えを深めます。

私が経営する会社では、デザインや編集を行う際に哲学的に考えていくことを重視し、実践しています。また、哲学的に考えることを生かして、組織の理念を考えたり、哲学するための実験的なワークショップを開くこともあります。この本には、そのような活動をとおして考えてきたことや、具体的に哲学するための事例や方法もまとめています。

より具体的なイメージを描けるよう、各章の冒頭で、私の会社がそれぞれのテーマに取り組むに至った経緯や、実践したこと、そして考えていること――または取り組んでいる問い――についても紹介していきます。また、組織の中で哲学的に考えることを実践できるように、ワークショップのレシピや実践例も載せています。

この本は、哲学してみたいと思った人、何かをつくろうとしている人、そしてその中で探究していこうとする人達のことを考えながら書いてみました。皆さんの活動において、何らかのヒントになれば、とてもうれしいです。

## 第3章　メタフィジカルデザイン　185

# メタフィジカルデザイン

つくりながら哲学する

# 第1章
# 問いを立てる

# 哲学営業日誌：問いの発見

最初に、哲学することとの入門として「問いの立て方」について書いていきたいと思います。というのも、私が哲学に関心を持ち、実際に哲学をしてみようと思ったきっかけは、「問い」に気づくことで始まったからです。その結果、『ニューQ』という「問い」をテーマとした哲学雑誌をつくったり、会社では哲学事業部を立ち上げ、様々な組織とともに哲学とデザイン、そして編集を横断した仕事をするようになりました。

もしかしたら、問いについて説明する前に、私の実体験による具体例を書いた方が分かりやすいのかもしれません。そこで、まずは自己紹介も含めて私が哲学事業部を始めるに至るまで——「問い」に気づき、哲学に関心を持つまで——を書いてみたいと思います。

最初だけ少し長くなるのですが、しばらくお付き合いください。

## 哲学事業部ができるまで

このような本を書いておきながら、実は私には哲学を専門的に学んできたという経歴がありません。もともと私はエンジニアであり、そこから企画やサービスデザインを専門とするようになりました。10年ほど前に会社を独立し、フリーランスとして働きはじめてからは、ＩＴ企業の広告キャンペーンの企画を考えたり、趣味のようなモバイルアプリをつくったり、電子契約サービスのＵＩＵＸデザイン（画面に表示する情報の整理や、ユーザーの体験に関わる機能の設計）をおこなったりしていました。

楽しくやりがいのある仕事が多かったものの、「はたして、これをずっと続けていってよいのだろうか」という、ぼんやりとした不安や行き場のなさも同時に感じており、その感覚が何に由来したものであるか、このときはうまく言葉にすることができませんでした。

背景には、これまで社会をよくするものだと思っていたデジタルテクノロジーが、以前ほどよいものだと思えなくなってきたことや、イノベーションカルチャーの根底にある新自由主義的な発想や価値観に対して居心地の悪さを感じはじめていたことなどがあるのかもしれません。市場で成功することや、ただ便利であるというだけでよいと評価されること、個人情報といった私的な領域のものを商品として扱ってしまうこと、社会的な公平性に無頓着であること。サービスデザインの本を開くと「破壊的イノベーションを起こせ」と書かれていたりもするのですが、どこか波に乗れない感情を抱きます。

おそらく、本当はもっと別の価値観や理論的枠組みでもって、よりよい社会を考えていけるはずなのに、それが何であるか分からないという、何か頭の上に蓋をされているような、考えることに対する不自由な感覚が日に日に募っていきました。

「これは、スランプなのかもしれない」と思い悩み始めたところ、友人の人工知能研究者である三宅陽一郎さんに哲学の勉強会に誘ってもらうという転機が訪れたのは、2015年の5月の連休を終えた頃でした。彼の言うところによると、人工知能をつくるには、もっと哲学的に「知能とは何か」と問いを立てて考えていく必要があるとのことです。

勉強会は、これまでの哲学者の理論を用いて「知能とは何か」を考え、人工知能をつくるのに役立てていこうというものでした。「人工知能のための哲学塾」と題されたそのイベントを訪れたところ、そこには人工知能の研究者をはじめ、脳神経科学者、哲学研究者、ゲー

ムエンジニア、SF作家、そして自分のようにただ好奇心を持って参加した人々が集まっていました。※1

イベントは前半に三宅さんの講義、続く後半に参加者同士のディスカッション、という流れで進みます。哲学者の思想を人工知能という切り口から捉え直す三宅さんの講義はとても興味深く、普段哲学書を読んでも、ぼんやりとした知識としてしか頭に入ってこなかったことも、人工知能という切り口から捉えることで、不思議と自分でも何かしら考えていこうと思える内容に感じられました。もしかしたら、プログラムを書くという、自分にとって身近な行為が哲学につながることに新しさを覚えたのかもしれません。

ディスカッションが始まる前にちょっとした不安を覚えました。「これだけ背景が違う人同士、はたして人工知能について専門的な知識を交えながら議論をすることができるのだろうか」という懸念です。というのは、自分はこれまで知識や経験が大きく違う人が集まるワークショップや企画会議に参加することに苦手意識を感じていたからです。お互いが持つ前提がすり合わせられず、うまく議論ができなかったり、それぞれの興味関心の違いから議論が発散してしまうのではないかと、少し身構えていました。しかし、私の不安をよそに、ディスカッションはうまくいきました。参加者同士、短い時間の中でも用意されたテーマに対し哲学的と言えるような議論ができたのです。あとになって知ったのは、運営チームと一緒に構成を考えていた大山匠さんをはじめとした哲学研究者がディスカッションに参加し、議論がうまく進むよう要所でファシリテーションをしていたということでした。

三宅さんの講義、そしてディスカッションに参加した後に予感したのは、哲学的に考えていくためのヒントが、論の組み立て方や議論の進め方の中にあるのではないかというものでした。日常的に物事を考えることと哲学的に考えることを分け隔てる何らかのルール、もしくは思考の仕方のようなものです。イベントのあと、ファシリテーターとして参加していた田代伶奈さん[※2]に話を聞く機会がありました。哲学対話の実践に長らく関わっていた彼女の説明によれば、どうも哲学は二つの営みに分けられるようです。一つは、これまでの哲学者の思想や理論を解釈していくこと。もう一つは、「問いを立てて考えること」自体です。先ほどのディスカッションで行われていたのは、まさにこの「問いを立てて考えること」でした。また、三宅さんの講義も、「知能とは何か?」という問いをもとにして議論が組み立てられていました。

このような考え方は、それまでの私にはあまりなじみのないものでした。当時の私は、新しい知識やアイデアだけが議論を前に進めるのだと思っており、どのようにしてみんなの知識を引き出すか、どのようにアイデアを思いつけるか、ということばかり考えていました。これは、ある種「答え」を探す行為にあたります。

しかし、このときに知ったのは、すぐに「答え」を見つけようとするのではなく、まずは「問い」を立てて考えていくことの重要性です。それはつまり、難しい問題でも、まずはその問題自体を理解するための問いを立てることで、答えに向かう何らかの糸口を見つけられることであったり、問いをもとに考える道筋を整理できることや、分かりやすい問いを立てることで、持っている知識や経験に差があったとしても、誰かと一緒に考えていくことができるということでした。

こうして「問いの発見」とも呼ぶべき個人的に大きな体験をした後のある日、問いを立てて考えることをサービスデザインの仕事で実践してみようと思い立ちました。さっそく、田代さんに相談し「問いを立てるワークショップ」を企画することにしました。実際にいくつかのプロジェクトでワークショップを開催して分かったのは、これまでアイデアを出し合って漠然としか考え進められなかったことが、問いを立ててみるとうまく議論できるということです。その他にも、問いをもとに話し合うことで、これまであまり意見を述べる機会がなかった人が話すようになったり、チームで一緒に考えているという一体感が生まれることに気づきました。

そのように仕事で手応えを感じはじめたところ、あらためて気になってきたのは「哲学するとは、どういうことなのか」という問いです。言い換えれば、自分で哲学的に考え、何らかの理論を打ち立てるには何をすればよいのかということです。デザインには『ノンデザイナーズ・デザインブック』(Robin Williams) という、デザイナーではない人がデザインをするための方法論を述べた有名な本があります。それと同じように、「哲学研究者ではない人のための、哲学する方法」といった本がないか探したのですが、あいにく、当時はそのような本を見つけることができませんでした。

そこで、発想を変えて「問いを立てること」や「哲学する」ことに関心を持った人に向けた雑誌を自らつくってみることにしました(雑誌という媒体は不思議なもので、専門家でなくても編集できてしまうという性質があったりします)。まずは、雑誌のコンセプトとして

「問いを立てながら探究する人は、哲学という分野の外にもたくさんいて、そのような人々が考える問いとはどのようなものであるか、哲学研究者とともに考える」という方針を立ててみました。

興味を持ってくれたフリーランス編集者の八木あゆみさん、[※3]アーティストのマネジメントをおこなう城光寺美那さん、[※4]仕事をよく一緒におこなっていたデザイナーの小玉千陽さん、[※5]そして新しく会社に入社した、田代さんと哲学の活動をおこなっていた今井祐里さんとともに制作を開始し、半年ほどの時間をかけて『ニューＱ　新しい問いを考える哲学カルチャーマガジン』が完成しました。切り口が新しかったのか、また優秀なメンバーや書き手、インタビュイーのおかげで、哲学に初めて触れる人から哲学研究をおこなっている人まで広く好評を得ることができました。自費出版でありながら、大手の流通に載せてもらうことができ、新聞の書評欄でも好意的に紹介されたのはとても幸運なことでした。

このような活動をとおして少しずつ見えてきたのは、何かをつくることと、哲学することの関係性についてです。そして、この哲学とデザイン、そして編集をとおした活動をもっと探究するために、哲学事業部「ｎｅｗＱ（雑誌と区別するために、事業部はアルファベットで表記することにしました）」を立ち上げてみることになりました。

さて、自己紹介は一旦ここまでとして、次のページからは具体的に哲学する上で重要な「問いを立てる方法」について考えていきたいと思います。これまでの活動をとおして、哲学するための問いとは何であるか、なんとなく私も理解できてきたような気がするのですが、いざ言葉にしようとするとなかなか難しいものです。なので、「哲学するための問いとは何か」という問いのもと、読みながら一緒に考えてもらえるとうれしいです。

※1　勉強会の内容は、三宅陽一郎著『人工知能のための哲学塾』として本にまとめられています。
※2　田代伶奈さんは様々な活動をしているのですが、当時の肩書きはライター／哲学対話ファシリテーターでした。
※3　現在はPivolo LLCを設立し、Ｗｅｂ制作と編集をおこなっています。
※4　ＪＰＮＫとして、創刊号のアートワークを担当したぬＱさんをはじめ、様々なアーティストをマネジメントしています。
※5　デザインスタジオium inc.を立ち上げ、デザイナーとして活動しています。

## 問いが立ち、哲学が始まる

問いを専門としている哲学研究者のラニ・ワトソンによる論文「問いとは何か（What is a question）」の冒頭に、次のようなパンチラインが書かれています。

「私たちが知る限り、ソクラテスも問いを問わなかった」

どうも、哲学において問いは重要なものであるにもかかわらず、それが何であるかについては、これまであまり考えてこられなかったようです。ここから言えるのは、「問い」という大きな存在について、今から自分なりに考えてみることが、決して悪いアイデアではないということかもしれません。そのようなわけで、この一文は私が「哲学において、問いとは何だろうか」と考えるとき、いつも勇気づけてくれる言葉でもあります。

まずは、現時点での私の「問い」に対する見解を手短に――もっと詳しい説明は後ほどに――述べていくところから始めたいと思います。

「哲学するには、問いを立てる必要がある」

これは特段変わった主張ではなく、哲学の場においてよく言われていることです。例えば、一つのテーマについて複数人で対話しながら考えていく「哲学対話」という取り組みでは、問いを見つけることから対話が始められるし、論文や議論においても問いをもとに論考が進められることが多いでしょう。

しかし、いきなり「哲学には問いが必要だ」と言われても、今一つピンとこない人もいるかもしれません。おそらく、「問い」が哲学とどのように関連するかイメージしづらいのではないでしょうか。問いと言えば、出かけたときに「このあと、どの店でランチを食べようか」と友達に尋ねたり、その日が曇り空であったら「明日は晴れるだろうか」と、なんとはなしに語りかけるようなものが思い浮かびます。私達はこのように日常の中で問いを扱っているのですが、それが哲学にとってどのように必要なのか、今一つ見えてこないのです。日常的な行為であるはずの「問う」ことが、なぜ哲学の場に必要なのでしょう。

「問い」には、様々な機能があり、その内実については後ほどさらに理解を深めていきたいのですが、さしあたって哲学と問いの関係性を説明するために注目したいのは、問いが持つ「分からないことを知ることができる」という性質です。

「分からないことを知る」とは、「何が分かって、何が分からないか明確にすること」を意味しています。例えば「幸せとは、何だろうか」という問いがあるとします。多くの人は、哲学的な問いと感じるのではないでしょうか。私達は日常的に「幸せ」という言葉を使い、そしてまた、多くの人が「幸せ」であることを願っています。しかし、あらためて「幸せとは何か」と問われると、すぐに納得できる答えを指し示すのは難しそうです。ここで分かることは、「幸せとは、何だろう」と問うことではじめて、幸せという概念について一見知っているようで、実はよく分からない部分があることに気づくという事実です。そこで、さらに考えを進めていくことで、幸せについてどこまで分かっており、どこから分からないのか、その境界の解像度が上がっていきます。このようにして、私達は問いをとおして「分からないことに気づく」ことができるのです。それは、哲学の語源であるところの「知を愛する」という、知を追い求める営みの出発点となります。

もし、「分からないことに気づく」ことが哲学するための問いにおいて重要であるとしたら、「すでに分からないことが明確な問い」は、あまり哲学的な問いと言えないような気がしてきます。そう、問いは哲学するのに適したものと、そうでないものに分けられるのです。先ほどの「このあと、どの店でランチを食べようか」という問いは、どこでランチをとりたいのか分からないことが明確であり、「明日は晴れるだろうか」という問いも、明日の天気が分からないことが明確です。分からないことが明確であるということはつまり、あとは具体的にどこでランチを食べるか決めることで、または明日の天気予報を調べればよいということで、議論が終わってしまうでしょう。一方で、「幸せとは、何だろうか」という問いを前にすると、私達が幸せの何について分かっており、何が分からないのか探すところから考えはじめる必要に迫られます。

「分からないことに気づく」ことができれば、ただちに哲学的な問いになるかというと、まだ他にも条件があると感じられるのですが[※1]、まずはここを出発点に考えを深めていきたいと思います。

哲学を始めるための問いは、様々なところに眠っています。もっと言えば、問いは必ずしも疑問文の形をしているとは限りません。※2 もしかしたら、まだ言葉になっていない可能性すらあります。それらの問いをつかまえ、意識的に扱っていくにはどうすればよいのでしょうか。続いては、哲学的な問いをどのように見つけることができるか、考えてみたいと思います。

※1　哲学的な問いの条件については「つまらない問いを面白い問いにするゲーム」で、さらに掘り下げます。
※2　「問いは常に疑問文の形をしているのか」という議論については、「あらためて問いとは何だろうか？」において紹介します。

## 哲学を始める冴えた問いの見つけ方

「哲学する」には、まず「問いを立てること」が必要と書きました。

しかしながら、ただ単にじっくりと時間をかけて深く考えれば哲学になるかというと、そういうものではありません。哲学的な考え方と、哲学的でない考え方――例えば確定申告に必要な資料を調べたり、「Google検索をしながらどの加湿器を購入するか検討したり、もしくは犯行現場に残された手がかりから犯人の動機を推理するといった思考――を分けるのは、問いの性質や問いに向き合う態度の違いとも言えるでしょう。

歴史的に哲学者と言われる人々は「なぜ、世界は存在するのか?」という問いや「他者とは何か?」といった問いをもとに多くの理論を形づくってきました。ある対象について深く知りたいと思うとき、その対象の何をどのように知りたいかによって、必然的に問い方が変わっていきます。そのときに求められるのは「どのように問うべきか」という意識です。例えば、問いに答えるために前節で取り上げた「何が分からないのかを明確にしようとする問い」を考えてみたり、そもそもの前提を疑う問いを考えるなど、答えを見つけるために、問いを意識的に操作する必要があります。つまり、問うことに意識的になることで、ようやく哲学を始めることができるのです。

では、実際に普段の生活からどのような問いが立てられるのでしょうか。ここからは、哲学的に色々なことをつい考えてしまいがちな、映画好きのデザイナー・Aさんの日常を例に、哲学的に問いを立てて考えていく過程を見ていきたいと思います。

## ピザ配達の問い

ようやく一日の仕事が終わった。これから食材を買って夕飯の準備をするには遅いし、なにより疲れている。そうだ、ピザを頼んで映画を観るのはどうだろうか、とプランを思いつく。こんなときのためにと取っておいたチラシを探し出し、QRコードを読み取ってクーポンIDを入力する。トッピングを検討し、サイドメニューを追加することも忘れない。サイトには配達にかかるおおよその時間を教えてくれるサービスがあり便利だ。それによると、今頼めば30分後には熱々のスペシャルピザが届くらしい。

ふと外を見ると雨がだいぶ降っていることに気づく。仕事に集中していて気づかなかったが、天気予報によると深夜まで雨が続くようだ。突風が吹いて雨が窓を強く打ち付ける音がする。窓の外を眺めながら、この雨の中、ピザを配達するのは大変だという気がしてくる。ここで、倫理に関する問いが浮かぶ。

「はたして、雨が降る夜にピザを頼んでもいいのだろうか？」

雨の中、ピザを配達するのは寒いだろうし、見通しも悪いので危険な可能性がある。風が強ければバイクの雨よけは役に立たないだろう。しかし私はピザを食べたくて仕方がない。そこで、配達の注文をためらうことに反論の余地がないか検討することから始めてみる。

1. そもそも、人が外に出たくないときにピザを届けるのがピザ配達というビジネスだろう。だから、雨の夜はむしろかき入れ時のはずだ。ピザ業界において、悪天候はいい天気なのだ。

2. プロの仕事においては、雨も風も関係ない。

3. 雨天の配達は、配達員に手当てが出る仕組みになっているかもしれない。

それぞれ、反論が妥当であるか検討をしたい。1については、店にとってはかき入れ時であるが、配達員にとってはどうなのか、という問題が残る。3のように配達員にとってもメリットがあるのであれば、問題はないかもしれない。

2は少し厄介だ。プロの定義が曖昧なのである。例えば正社員とアルバイトに同等の要求をしてもよいのだろうか。おそらくはほとんどがアルバイトである配達員に対して、そこまでプロとしての仕事を期待してもよいのだろうか。

問題を正しく認識するには、当事者の声を聞く必要がある。そう思い立ち、雨の日の配達の是非についてネットを検索してみると、どうやら肯定派と否定派がいるようだ。否定派の意見としては、雨風が強い日は大変なので遠慮してほしいというもの。肯定派としては、注文が少ないと稼働時間を早く切り上げて帰らされてしまうこともあり、稼ぎが減ってしまうというもの。また、ただ待機しているより配達している方が気分がいいというものもあった。この状況では、まだ答えを出すのが難しい。店に電話をして「配達を頼んでもよいか」と聞いてみる選択肢もあるが、もし自分が店員であったなら、無理をしてでも配達できると答えてしまうのではないか。

少し問いの方向性を変えて、雨の夜に配達を頼むことが何をしていることになるのか、ということを考えてみよう。近い例を探しながら、問題を抽象化してみたい。

この社会には、きつかったり危険な作業を伴ったりする仕事が多い。高所での作業、危険物の取り扱い、長時間におよぶ労働、感情を疲弊させる労働……例を挙げていくときりがない。とはいえ、不景気と格差の拡大に伴い、生活のために多少時給がいいことを理由に目をつぶり、きつい仕事や、危険な仕事に従事せざるを得ない人々がいるのも事実だ。この問題は最低賃金の向上や、労働環境の改善といった、労働者の権利にまつわる政策の課題と直結している。

つまり、ここまで考えると、気になっている根底の問いは「雨が降っている夜にピザの配達を頼むのは労働環境をより過酷なものにすることになるのではないか？」ということだ。私達は店や企業を通すことで、その背後にある搾取に気づかずサービスを利用したり商品を購入することができてしまっている。ピザの配達に、同様の問題はないのだろうか。

「ピザの配達でなにをそんなに大げさなことを」と思うかもしれない。私達の社会には、多かれ少なかれ、そのような搾取の上で成り立っているところがある。それは、すぐに解決できない問題だ。しかし、偽善と呼ばれる可能性もあるが、現時点における私なりの回答を考えたい。

私がピザの配達において、最低限こうあってほしいと思うのは、嵐の夜など、危険な場合は店が従業員の安全を考えて、配達を中止すると決めていることだ。そこで、配達の方針がどこかに書かれていないかと調べると、自分がピザを注文しようとしているチェーン店は、その基準をクリアしているらしい。そのため、安心して注文できることとなる。そう思って注文ボタンをタップしようとしたところで、ふと手が止まる。何かを見過ごしていないだろうか。

本来は、もっと身近な問題として、この課題を取り上げようと考えていたことを思い出す。実際にピザを配達する人に対して、私はただよい客でいたいのである。配達員が

「雨の中、ピザを注文しないでほしい」と思うのか「アルバイトの時間が早く終わってしまったら困る」と思うのかは、配達員個人の状況によって変わってくるだろう。後者の配達員を想定するのは、いささか自分にとって好都合すぎないだろうか。

さて、ピザを頼むのか、頼まないのか。

天気アプリで雨雲の状態を調べる。どうも今が雨と風のピークで、1時間後にはもう少し穏やかになっているらしい。考えすぎて空腹が募っているが、1時間後を指定して注文することにした。

ここで、Aさんが立てたいくつかの問いを整理してみましょう。「はたして、雨が降る夜にピザを頼んでもいいのだろうか？」という問いに始まり、「どのような条件なら、人間に

きつく危険な労働をさせることを許容できるのか？」という規範を問うもの、また「今、目の前にある人やものを考える適切な問いとは、どのようなものか？」という問い自体に対する問い（対象を俯瞰して、一つ上のレベルから捉えるメタ的な視点に立った問い）も出てきました。

善悪を問い、規範を模索することは、古来より哲学における一大テーマです。このように日常において気になったことから、その倫理的な性質を問い、「どうするべきか？」と問いを立てていくことは哲学の入り口となるでしょう。次の事例に続きます。

### 映画鑑賞の問い

無事、ピザが届いたので映画を見始めることにした（配達してくれた配達員に、大変ではなかったかと尋ねたところ、彼は「そっすね。でも仕事なんで」という返事をお釣りとともに返すとすぐに走り去ってしまった。結局ピザの配達を頼んで良かったのだろうか？）。

さて、私の手元にはピザとサラダ、ダイエットコーラがそろっている。外は暗く雨が降っており、先ほど終わらせた仕事の返事が来るのは明日だ。つまり映画を観るのに最適な状況がここにあるということになる。今ならどんな作品でも楽しめる気がして、『雨に唄えば』という古いミュージカル映画を観てみたいと思う。ジーン・ケリーが雨の中、歌い踊るシーンが有名だ。

この作品はサイレント映画からトーキー映画に替わる時代に奮闘する役者をコメディータッチで描く。公開されたのは１９５２年、豊かなアメリカの黄金時代だ。オープニングから当時のハリウッドの様子を垣間見ることができ、クラシックカーがネオン街を走る。登場人物の服装も当時の……。はて、いささかファッションが古すぎるのではないだろうか。この時代の車はこんな形をしていただろうか。そもそも映画に音声がつくようになったのはもっと昔の話で、50年代はカラー映画が普及していく時代ではなかったか。そこで、ある事実に気づく。この映画は50年代において20年代を懐古する作品であるということに。

21世紀を生きる私達は、50年代における20年代の懐かしさを理解することができるのだろうか。作品が公開された時代であれば共有できた懐かしさであるが、私達はこの作品が50年代に公開された映画であるという時点で、その作品自体が古いということに懐かしさを——たとえ、その時代を生きていなくても——感じてしまっている。ここで、次のようなことが気になる。ある時代を懐かしんでいた時代をさらに懐かしむという複雑な鑑賞の仕方を私達はできるのか。

何を言いたいか、問いの形にまとめてみよう。それは「懐古的な要素を持つ作品を、どのように時代を超えて評価すればいいのだろうか?」というものだ。もちろん、時代によって作品の評価は変わる。しかし、そもそもこの映画が過去を懐かしむ作品であったという前提を意識するか、しないかでは、鑑賞の態度は大きく異なる。

ここで、哲学的に考えながら作品を鑑賞できるほどの元気が残されていない私は別の映画を観ることにする。何も考えずに楽しめる同時代のカーアクション映画『ベイビードライバー』など、どうだろうか。

この作品は主人公である青年が窃盗犯グループのドライバーとして活動しながら、その仕事をやめようと奮闘する映画だ。彼は過去の事故の影響でずっと耳鳴りがするため、常に音楽を聞いている。ある日、ダイナーで働いている女の子と出会う。名前を聞くとデボラという。「自分の名前がタイトルになっている曲がないのが残念」という彼女に、彼は1曲だけあると教える。こうして二人はイヤホンを分け合いながらその曲に耳を傾ける。１９９９年に発表されたアメリカのソロミュージシャンBeckの曲だ。

ここで困ったことに、もう一度同じ問いが頭をもたげてくる。というのは、この曲は過去のR&Bやソウルミュージックをオマージュしており、そういった懐かしさによる魅力をまとっているからである。一聴すると、この曲はいつ書かれたものか判別が難しい。現代に書かれた懐古的な曲としても聴けてしまう。

ポップスにおいて同時代性が大事だと言われてきたが、いつの時代に書かれた曲であるか分からない曲をどのように聴けばよいのだろうか。そして、再度『雨に唄えば』と同じ問いが生まれてくる。劇中の二人は、この曲を懐かしい曲として聴いたのか、懐かしい時代を懐かしむ懐かしい曲として聴いたのか、もしくは、そのようなことを一切気にせずに聴いたのか。

作品における時代性というものを、私達はどのように理解すればいいのか。また逆に、もし自分がつくり手として作品をつくる場合、時代性をどのように表現すればよいのか。

この映画鑑賞において生まれた問いは次のようなものです。「鑑賞において、作品に内在する、懐かしいと感じさせるものを、どのように受け止めればよいのか？」

ピザ配達人の問題では倫理の問いを扱いましたが、こちらでは、美や感性にまつわる価値づけ、またはその批評の観点から問いを発展させてきました。これらの問いは、哲学において美学という領域で扱われています。最後の例に続きます。

## 懐かしさの問い

無事、映画を見終わってピザの残りを冷蔵庫にしまう。コーヒーを淹れながら映画の感想とともに、「懐かしさとは何か？」ということを考えはじめる。私達は何を「懐かしい」と認識しているのだろうか。

先ほどの映画鑑賞では、「懐かしい」という感情で作品を評価することについて問いが生まれた。では、「そもそも懐かしいという感情はどういうものだろうか」ということについて考えてみたい。どうやったら、このことをうまく考えられるだろうか。まずは懐かしいと思えることと、懐かしいと思えないことの輪郭をたどってみるのはどうだろうか。

例えば『雨に唄えば』を観たとき、自分が生まれる前の光景を懐かしいと感じてしまったが、それは本当に懐かしい感情と言えるのだろうか。つまり、懐かしいという感情は実際に経験していない過去を対象にしても成立するのだろうか。もし成立するとしたら、それはなぜなのか。

もしかしたら、経験していない過去も「これは懐かしいことだ」という感覚が社会の中で共有されているため、懐かしいと感じているのかもしれない。つまり、映画の中に登場する会話の仕方やカラーフィルムの質感、衣装などが、社会の中で懐かしむ対象として扱われているので、懐かしいと感じてしまうのだ。

このように何をもってして「懐かしい」といえるか、認識を扱うものは真理に関する問いになります。ここまで、問いの性質にあわせて三つの例を見てきました。最後にまとめてみたいと思います。

## 問いを立てるときにおこなっていること

問いは、考えるための足がかりや道筋となります。問いを立てるということは、自分が何をどのように考えようとしているのかを考えることです。それはつまり、自分が知っていることと知らないことを切り分けたり、自分が本当に知りたいことを確認したりすることでもあります。

一般的に哲学的な議論では、その性質は真、善、美の三つに分けられます。真理についての問いは、物事の本質を明らかにしたり、私達が対象をどのように認識しているかを問います。善についての問いは、対象にまつわる倫理的な課題や規範を問います。そして、美についての問いは「何を美しいと感じるか」、またそもそも「美とは何か」を問います。

このような問いの性質を紹介したのは、いま立てている問いがどのような性質を持ったものか理解することで、何を考えようとしているのか理解しやすくなることがあるからです。また、一つの立場から考え続けることに行き詰まったら、問いの形や考える立ち位置を変えるだけでなく、問いの性質を変えてみることもできます。先ほどの「懐かしさ」にまつわる問いで、Aさんは「鑑賞において、作品に内在する、懐かしいと感じさせるものが、どのような美的体験（懐かしさにより感傷的になったり、物事をよいと感じることなど）をもたらすのか?」と美に関する問いとして検討したあとに、「そもそも懐かしいという感情はどういうものだろうか?」と真理の問いを立てて検討をおこないました。

このように、問いの操作方法を身につけることで、哲学を始める冴えた問いは見つけやすくなっていきます。

## つまらない問いを面白い問いにするゲーム

具体的な例をとおして、哲学的な問いに真、善、美という三つの性質があることや、問いを操作していく様子を紹介してきました。しかし、いざ実際に問いを立てようとすると、なかなか難しかったりします。おそらく、哲学的な問いを立てるには、問いについての知識をただ覚えておけばよいのではなく、実際に問いを立てる経験を繰り返しながら、その感触や手触りを身につける必要があるのでしょう。

ここでは、哲学的な問いを立てるための具体的な練習法を紹介したいと思います。名付けて「つまらない問いを面白い問いにするゲーム」[※1]。

ゲームの説明をしましょう。まず、アイデアに優劣があるが如く、問いにもまた、哲学するのに「面白い問い」と「つまらない問い」があります。「面白い問い」とは、哲学的な思索に発展しやすく探究しがいのある問い、そしてその上で新しい発見が見つかりそうな問い。また「つまらない問い」とは、そのままでは哲学的な議論に発展しづらい問いを指します。ここで注意したいのは、問いがつまらないからといって、楽しく哲学できないわけではないということです。なぜなら、つまらない問いも問い方を変えることで面白い問いにすることができるからです。

このゲームでは、哲学的につまらない問いを哲学的に面白い問いに変えたり、そもそも哲学的でない問いを哲学的な問いに変えていくことをおこないます。ルールはとてもシンプルで、まずは仲良く話しあえる相手とともに、身の回りにある取るに足らない問いを挙げてみます。次にその問いを、答えるのが面白く哲学的であると思える問いに変えていくだけです。みんなで和気あいあいと楽しめればよく、勝ち負けはそれほど気にしなくて大丈夫です。

実際のゲームがどのようなものか、例をいくつか紹介します。なお、何が哲学的に面白い問いであるかは、一旦保留しながら説明します。というのは、このゲームは「何が哲学的に面白い問いか？」という議論をするために行うものでもあるからです。それぞれの問いを挙げながら「なぜ、哲学的に面白いと言えるのか」もしくは「何が哲学的につまらなかったか」といったことを考えてみましょう。

とはいえ、全く何も指針がない状態で議論をするのはなかなか難しいと思うので、さしあたりゲームを始めるために参考になりそうな、「哲学的に面白い問い」の特徴をいくつか挙げてみます。

1. 分からないことに気づける問い
2. 調べても、すぐに答えが見つからない問い
3. 人と話してみたいと思わせる問い
4. 個人の趣味を超えて議論できる問い

文章の冒頭で、問いをとおして「分からないことに気づく」ことが哲学することの出発点になると説明をしました。そのため、「分からないことに気づける問い」を「哲学的に面白い問い」の特徴として最初に挙げてみました。

逆に調べればすぐに答えが見つかるような問いは、分からないことが明確な問いでもあります（何が分からないか明確なので、調べることも容易です）。したがって2の「調べても、

すぐに答えが見つからない問い」は、もしかしたら問いの中に、まだ気づいていない「分からないこと」が潜んでいるのかもしれません。

3の「人と話してみたいと思わせる問い」は「哲学的に面白い問い」の面白さを担保するものです。専門知識と独自の用語を駆使し、簡単には人と共有することのできない哲学的な議論というものも確かにあるでしょう。しかし、私がこれまで経験した「問いをもとにみんなで話し合うことができる」という哲学的な問いの特徴を捉えるには、この条件はなかなか捨てがたいものです。

4の「個人の趣味を超えて議論できる問い」は、3の発展系です。いくら人の意見を聞いてみたいと思える問いでも、個人の趣味を問うだけでは「好みは人それぞれだから」の一言で議論が終わってしまうからです。

とりいそぎ「哲学的に面白い問い」の特徴を四つ挙げてみました。例を紹介した後に、もう一度振り返りたいと思います。一緒に「哲学的に面白い問い」の特徴がもっとないか、探してみましょう。今一度ルールを説明します。最初に取るに足らない「哲学的につまらない問い」を出し、それを「哲学的に面白いと思える問い」に変えていきます。

## つまらない問い その1

「魚か肉、どちらになさいますか？（Fish or meat?）」

最近はヴィーガンメニューも充実している機内食ですが、これは飛行機に乗るとよく聞かれる質問です。魚か肉、どちらのメニューを選ぶか。この問いが哲学的につまらないのは、そのときの気分次第で自由に答えられる質問だからなのでしょう。そもそも、特に議論をする必要がないのかもしれません。そこで問いを次のように変えてみるのはどうでしょうか。

「肉より魚を食べるべきか？」

健康のために「魚野菜中心の食生活」というフレーズをよく耳にします。また——種類にもよるけれど——一般的に魚は肉にくらべて環境負荷が低いとされています。そこで、私達が共有する規範として「肉より魚を食べるべきか?」と問うことで議論を始めることができそうです。一方、「個人の嗜好である食に規範性を持ち込まないでほしい」と反論する人もいるでしょう。そこから「なぜ、食の制限に対して私達はセンシティブになるのか?」という問いにつなげることも考えられます。

## つまらない問い その2

「ロンドンは晴れているだろうか?」

次の問いも空の旅つながりで出してみました。最近は——といってもだいぶ経っていますが——飛行機の中であっても目的地の天気をすぐに調べることができます。調べればすぐに答えが分かる問いは哲学的に面白くありません。もしかしたら、ただコミュニケーションの糸口をつかみたくて、挨拶代わりに隣の人に話しかけたのかもしれません。少し問いを変えてみましょう。

「ロンドンでは、晴れた日にどれくらいの価値があるのだろうか？」

ロンドンの気候といえば、霧に包まれていたり雨が降り続く印象があります。「霧の都ロンドン」と言われるくらいです。そのロンドンにおいては、晴れた日の価値は私達が思うよりずっと貴重なものなのかもしれません。この問いは「ただ晴れているか」と問うよりは議論をしてみたいと思わせるところがあります。もう一度、問いを変えてみます。

「『よい天気』はなぜよい天気と言えるのか？」

一見すると、「よい天気はよい」といったトートロジーを問うている印象がありますが、これは「よい天気」の条件を明確にしようとする問いです。先ほどの問いで、一般的に「よい天気」と私達が認識している晴れた日の価値は、イギリスとその他の国において変わってくる可能性があると推測しました。そこから、もしかしたら地域によってよい天気だと思わせる要素は異なるかもしれない、と推論することができそうです。つまり、私達が素朴によい天気と思っているものが、実は場所によってはそうではないのかもしれないということです。例えば、風の強い地域では晴れていることより風が弱いことの方がよいと感じさせるかもしれないし、日光が強く暑く乾燥した国であれば、少し曇っていたり雨がうれしいときもある。そのように考えていくと、ロンドンの曇天にも「曇天なりのよさ」というものが見つかるかもしれません。

このような議論をすると、私達が当たり前に理解している「よい天気」のことが徐々に分からなくなっていきます。そこからあらためて「よい天気」が何であるか考えていくのは哲学的な営みといえるでしょう。

### つまらない問い その3

「なぜ、仕事のあとで飲むビールは美味しいのだろうか？」

舞台は海外出張でひと仕事を終えたところまで移動してきました（という設定であった

ことにしておきましょう)。この問いがつまらないのは――ビールを好む人に限られますが――ある程度予測できる答えを求めて発せられているからでしょう。この問いは疑問文の形をしているものの、何か分からないことを明らかにしようとするものではなく、ただ「仕事のあとのビールが美味しい」という事実に対する共感を求めたものです。だから、「仕事のあとに真に美味しいと言えるのは、温かい梅昆布茶である」と答えられてもちょっと困ってしまいます。

この問いに対する回答は、人それぞれ微妙にニュアンスが異なるかもしれません。しかし、基本的には仕事のあとのビールには解放感や爽快感があり、リラックスできるからという内容になるでしょう(個人的には、このようにすでによいと共有されている経験を哲学的に掘り下げることに一番の難しさを感じていたりします)。そこで、次のような問いに変えてみるのはどうでしょうか。

「仕事のあとにビールを美味しく飲めないとしたら、それは何でだろうか?」

反例を問うことで、何かしらの糸口が見えてくる可能性があります。疲れすぎると、ビールを飲む元気すら起きないという人がいるかもしれないし、仕事を終えたもののよい成果が出ていなければ美味しいと感じられないこともあるでしょう。もしかしたら、「仕事のあとのビールは美味しい」という価値感に同調圧力を感じ、美味しく飲めない人がいるのかもしれません。もしそのような人がいるとしたら「なぜ、ビールが美味しいと演技しないといけないのか?」と問いをつなげていくこともできます。このように「そもそも、仕事のあとのビールは本当に美味しいのか?」と、前提を疑っていくことは哲学的な態度と言えるでしょう。

ここまでの例を踏まえながら、もう一度、冒頭に示した哲学的な問いの特徴を振り返ってみましょう。それは以下のようなものでした。

1. 分からないことに気づける問い
2. 調べても、すぐに答えが見つからない問い
3. 人と話してみたいと思わせる問い
4. 個人の趣味を超えて議論できる問い

ここに、哲学的な問いの特徴をさらに付け足すとしたら、どのようなものになるでしょうか。「肉より魚を食べるべきか？」という問いでは、個人の趣味を超えて答えるための規範や価値観を問いました。「『よい天気』はなぜよい天気と言えるのか？」という問いでは、前提となる事象（この場合「よい天気」）について、それが何であるかを問いました。ビールの問いでは、反例を出すことで前提を疑ってみました。それらをまとめると、次のような特徴を追加できるでしょう。

5. 答える上で、価値観や規範について考えられる問い
6. 前提となる事象が何であるか探る問い
7. 前提を疑う問い

このゲームをおこなうことで、問いを哲学的なものに変えたり、目の前にある問いが哲学的であるか評価することが少しずつできるようになっていきます。また、もし哲学書や論文を読んでいるときに問いが書かれていれば、それがどのように哲学的なのか考えてみるのも

よいでしょう。そのようにして、自分にとって「哲学的な問いとは何か」と、その条件や特徴を拾い集めていくことができます。

このように「哲学的な問い」の条件や特徴を自ら拾い集めていくのは、哲学的な問いが何であるかという明確な定義や公式といったものが存在しないからです。また、定義や公式が実際にあったとしても、目の前にある問いがはたしてそれにあたるか判断する力は、実際に自分でその条件を吟味し「何が哲学的な問いなのか」と考える経験を積み重ねないことにはなかなか身につかないことであったりもします。

ちなみに、私は問いを見つける度にメモをしたり、本を読んだり映画を観たあとに、そこで語られていたことを問いの形にまとめ、どのようなものであったか振り返るということをよくおこなってきました。また、その問いを別の問いに変えたりするうちにノートのページが埋まったりした経験もあります。

最後に、追加のつまらない問いと、ゲームの進め方、そしてここまでの議論で明らかになった「哲学的に面白い問い」の特徴をまとめておきます。

## 追加のつまらない問い

「今、何時？」

「空はなぜ青く見えるのか？」

「トーストを床に落としてしまうとき、いつもバターとジャムを塗った面から落ちるのはなぜなのか？」

### ゲームの進め方

ＳＴＥＰ１　問いが哲学的につまらないと思える理由を考えてみる。※2
ＳＴＥＰ２　哲学的な問いに変えてみる。
ＳＴＥＰ３　なぜ、哲学的な問いと言えるのか議論をして評価する。

1. 分からないことに気づける問い

2. 調べても、すぐに答えが見つからない問い

3. 人と話してみたいと思わせる問い

4. 個人の趣味を超えて議論できる問い

5. 答える上で、価値観や規範について考えられる問い

6. 前提となる事象が何であるか探る問い

7. 前提を疑う問い

※もし、哲学的な問いの特徴と言えそうなものを新しく発見できたら、リストに加えましょう。

※1　このゲームは『ニューQ』の「新しい問い号」のインタビュー記事「寺田俊郎先生と考える『哲学する』ってどういうこと?」で、編集メンバーの今井さんが考案したものです。興味を持った方は、ぜひそちらもご覧ください。

※2　私の理解によれば、「今、何時?」と「空はなぜ青く見えるのか?」という問いは、調べればすぐに分かる問いです。「トーストを床に落としてしまうときにいつも、バターとジャムを塗った面から落ちるのはなぜ?」という問いは、ただ共感を誘いたいだけの問いなので、このままでは哲学的な問いとしては面白くありません。もし哲学的に面白い問いに変えるとしたら、「今、何時?」は「なぜ自分ですぐに分かるようなことを、人に聞いてしまうのか?」、「空はなぜ青く見えるのか?」は、「私達は同じ空を見上げているとき、同じように青いと感じているのか?」、「トーストを床に落としてしまうときにいつも、バターとジャムを塗った面から落ちるのはなぜ?」は、「なぜ、私達は不幸なことばかり、記憶に残してしまうのか?」といった問いに変えていくことができそうです。

## あらためて問いとは何だろうか?

ここまで、哲学するために「問いを立てる」ことについて話をしてきましたが、そもそも問いとは何でしょうか。あらためて考えてみたいと思います。

本章の冒頭で触れた哲学研究者ラニ・ワトソンのパンチライン「私たちが知る限り、ソクラテスも問いを問わなかった」という指摘に則ると、哲学の歴史において「哲学とは何か」について語られることは多かったものの、「問いがなんであるか」については、これまでほとんど議論されてこなかったようです。[※1] そこで、ワトソンの論文を手がかりに、問いについての問いを挙げながら、問いとは何か、問いを立てるときに私達は何をしているのか、あらためて考えてみたいと思います。一点補足すると、ここでは哲学的な問いに限らず、広く一般的な問いを扱います。哲学的な問いに限る議論ではないのですが、問い自体について検討することは、哲学的な問いを理解する上でも参考になると考えています。

最初に、この論文の中で、問いが何であると結論づけられているのか確認しましょう。ワトソンはアンケートを用いた実験哲学的な手法で、[※2]私達の日常における問いの使用がどのようなものか探っています。集められた結果を踏まえ、最終的に導き出された問いの定義とは、次のようなものです。

「問いとは、情報探索の行為である（Question is an information-seeking act.）」

Watson 2021, PP.284-285より引用

また、その過程で「問いは必ずしも疑問文ではない」ということと、さらに言えば「問いは必ずしも言語で表現されない」こともワトソンは主張しています。それらの主張の根拠は、どのようなものなのでしょうか。ワトソンが行ったアンケート調査の内容を見てみましょう。

アンケートでは、学校の先生であるサラという架空の人物を主人公に、いくつかの日常的な状況を描いた上で「ここに問いは　ある／ない／分からない」と回答者に聞いていきま

す。このアンケートの回答から分かるのは、私達が日常において問いをどのようなものと認識しているかです。[※3]

例を二つ紹介します。

Googleのシナリオ

昼食の後、教室に戻ったサラは思い出す。家に遊びにくる友人に、近所の精肉店を探しておくと約束していたことを。ベジタリアンである彼女にとって全く興味のないことではあるが、それでもGoogleに「Local Edinburgh butchers」とタイプし、情報をメモしておく。

このシナリオに問いはあっただろうか。

この事例では、72%が「問いがある」、20%が「問いがない」、8%が「よく分からない」

と回答しています。検索窓に打ち込まれた「Local Edinburgh butchers」は疑問文ではありません。しかし、多くの人がここに「問いがある」と答えています。つまり、私達は日常において疑問文でない表現も問いであると――問いは必ずしも疑問文ではないと――認識していると言えるのではないでしょうか。

次の例も見てみましょう。

Roadのシナリオ

ある朝、サラは職場までの新しいルートに挑戦する。その途中で見慣れない、交通量の多い道路にさしかかった。横断歩道は見当たらない。彼女は道路を渡る前に左右を確かめ、車が来ていないか確認し、安全に渡る。

このシナリオに問いはあっただろうか。

この事例では、66％が「問いがある」、28％が「問いがない」、6％が「よく分からない」という回答が集まりました。「問いがある」と答える割合はGoogleのシナリオより少ないのですが、それでも回答者の3分の2は問いがあると感じています。このシナリオにおいて、サラは言葉を発することなく道路の状況を見て、確認をおこなっていました。もしかしたら、サラは頭の中で「車は来ないだろうか」と言葉にしていたかもしれません。しかし私達はこのような行動を取るとき、考えていることをいちいちすべて言葉にしない方が一般的です。この結果から言えることは、問いは、必ずしも言語で表現されないということです。

この集計結果を受け、私達が日常で使用する問いは疑問文でも言語的表現でなくてもよいとしたら、結局のところ問いとは何なのでしょうか。ワトソンは、「問う」という行為自体に着目し「私たちが普段問いを発するとき、一体何をしていることになるのか」という観点から検討を行っています。そこで、ワトソンが導き出したのは「情報を探している」という考え方です。Googleの事例であれば精肉店の所在地を、Roadの事例であれば向かってくる車がないかという情報を探していました。つまり、問いが疑問文でなくても、言語的表現でもなくてもよいとしたら、最後に残る問いの要素は「情報を探る」という行為になるのです。

このことから、ワトソンは「問いとは、情報探索の行為である」と結論づけています。

さて、私たちもワトソンのように、「問いを立てるときに行っていること」をあらためて見つめ直すことで、問いについてより高解像度で理解したり、新たな特徴を見つけることができるかもしれません。そこで、いくつか「問いについての問い」を立てて考えてみようと思います。

## 問いについての問い　その1

「問いは論理的である必要があるのか」

「問いは必ずしも疑問文ではない」というワトソンの主張のさらなるバリエーションとして、「問いは必ずしも論理的ではない」と言えるか検討してみたいと思います。

例えば「なぜ、犬は猫と違うのだろうか」は論理的な問いですが「なぜ、犬は猫なのだろうか」という問いは論理的に破綻しています。犬が猫であるはずなどないからです。どちらも生物分類学上食肉目に属していますが、犬はイヌ科のイヌ属であり、猫はネコ科のネコ属です。しかし論理的に破綻している問い「なぜ、犬は猫なのだろうか？」という問いが機能するかというと、どこか機能してしまうような気がします。この問いをもとに犬と猫の共通点を探そうとするからかもしれません。

グレゴリー・ベイトソンは草の三段論法という表現で、人がときにおこなう不可思議な三段論法を説明しています。

人は死ぬ。
草も死ぬ。
だから人は草である。

実際に人は草ではありません。本来、述語の同一性をもって主語を同じものであると言うことはできないはずです。しかし、比喩的表現として捉えることは可能です。

犬はいつでも自由に寝る。

猫もいつでも自由に寝る。
だから犬は猫である。

私達をときに立ち止まらせる問いは、字面通りに受け取ると論理的に破綻しているのですが、このような比喩的表現だと捉えると、途端に問いとして成立していると感じさせるときがあります。例えば、「なぜ、人は草なのか」という問いを見ると、人間の儚さを草に喩えて考えてみようという気になります。実際に、この草の三段論法による比喩は詩の世界において多用されているものです。

## 問いについての問い　その2

「答えより先に問いを考えているのか」

私達は答えを探るために問いを立てています。しかし、実際に問いを立てるとき、すでに答えが見つかっていることはないでしょうか。

例えば、冬にどういうわけか無性に冷やし中華を食べたくなり、「なぜ、冬に冷やし中華を食べられないのか」と問うことは、すでに答えが見つかっている問いのように聞こえます。寒い冬にわざわざ冷たいものを食べる人が少ないので、町の中華料理店のメニューから冷やし中華が取り下げられていることを私達は知っているからです。この問いは、「冬でも町の中華料理店で冷やし中華を食べたい」という意見の陳情であり、問いの形をしているように見えて、実際の行為としては、連帯や同意を求めているのではないでしょうか。

ラニ・ワトソンも、疑問文の形をしているものの問いとは言えない事例を紹介しています（長く雨が降り続く中、「いつまで雨が降るの！」と叫ぶ行為は、問いではないというもの）。そう考えると、この冷やし中華の問いは、正確に言うと、問いではないのかもしれません。

## 問いについての問い　その3

「なぜ、問いにより場が開かれているのだろうか」

これは、長らく私が疑問に感じている問いでもあります。例えば「このような理由により、差別はいけない」と結論を差し出されるより、「なぜ差別するのか」と問われる方が関心を持ちやすく感じた経験はないでしょうか。不思議なことに、問いを前にすることで、ようやく自分でも考えながら学んでみようという気持ちになるときがあります。

哲学対話に人が集まるのは、このような理由が背後にあるからなのかもしれません。「問いを立てるワークショップのレシピ」で紹介するように、哲学対話でよく採用されるルールに「自分の言葉で話す」というものがあります。分かりやすく言い換えると「偉い人の言葉を借りない」という表現にもなるのですが、ここで重要視されるのはすでにある答えを持ってくるのではなく、まずは自分で考え、自分の言葉として話してみるという態度です。哲学対話をはじめ、問いを立てることで得られるのは、一見考えることが難しいと思える問題も、自分で考えてみよう思わせることなのかもしれません。このことから気づかされるのは、何かうまく物事を考えられない――考えることから疎外されている――ときに問いを立てることの重要性です。

ワトソンは「問いとは、情報探索の行為である」という主張とともに、「問いはツール

（道具）のようなものだ」とも述べています。そこで「問いは情報探索のツールである」と考えると、「問い」には、自分で考え、理解を後押しする機能が含まれていると言うこともできるでしょう。

※1 『What is a Question』Lani Watson
https://www.cambridge.org/core/journals/royal-institute-of-philosophy-supplements/article/what-is-a-question/2C8CCDFC8B52DB62CF08F9E9CA49915C

※2 実験哲学は、一般の人に向けたアンケートなどでデータを収集し、哲学的な問いを考えていくための手がかりとする哲学の新しい手法です。第3章「メタフィジカルデザイン」にて、紹介しています。

※3 このアンケート調査は、これを書いている現時点においてもラニ・ワトソンのサイトより参加することができます。
https://www.philosophyofquestions.com

# 問いを立てるワークショップのレシピ

　これまで哲学における問いの重要性や、哲学的な問いの立て方について説明してきました。一人でも、問いを立てて考えることはできるのですが、哲学的な問いの特徴として「人と話してみたいと思わせる問い」を挙げたように、他者とともに探求を深めていくこともできます。人と一緒の方が考えやすいと感じる人もいるでしょう。
　そこで、ｎｅｗＱで行っている「問いを立てるワークショップ」の方法を紹介します。レシピにあわせて、実際にワークショップをおこなった様子も収録しているので、ぜひ参考にしてみてください。

所要時間：90〜１２０分
参加人数：5〜20人（ファシリテーター含む）
準備するもの：椅子、テーブル、ホワイトボードなど問いを立てるワークショップは、みんなで考えていきたい問いを探すワークショップです。「自分たちは何が分からないのか」と現在地を確認し、そこから「考え続けるのに値する問いとは何か」、探求の方向性を議論します。ファシリテーターは進行役を務めるのですが、積極的に議論に参加することもできます。

このワークショップは哲学対話の形式でおこなわれるので、まずは哲学対話の説明をします（後述しますが、「問いを立てるワークショップ」は哲学対話とほぼ同じ内容と考えて問題ありません）。哲学対話は、学校や社員研修といった教育の現場で、あるいはカフェなど一般の人々に開かれた場所で行われる哲学の実践形態です。参加者はファシリテーターの進行とともに、問いを立てながら一緒にディスカッションをします。代表的な進め方は次の通りです。

1. 椅子を円形に並べ、お互いの顔が見えるようにする。

2. 最近、気になっていることや考えてみたい「問い」を共有しあう（最初に大きなテーマ、例えば「仕事」などが用意されており、そこから気になることを話しはじめる場合もあります)。

3. 問いが見つかったら、ホワイトボードに書く(例:「決められた労働時間の中で努力するとは、何をすることなのだろうか?」)。

4. 問いがいくつか出てきたところで、深めたい問いを一つ選び、その問いについてみんなで考えていく。

5. 時間が来たら終了。何か結論を出す必要はなく、ワークショップが終わっても引き続き考えたいと思える問いが見つかることを成果とする(これをオープンエンドと呼ぶこともあります)。

哲学対話は、時にセンシティブな内容に話が及んだり、議論が白熱することがあります。そのため、参加者が安心して対話に参加できるよう、ルールを設けることもあります。私がこれまでに参加した哲学対話で、よく使われているルールをまとめてみました。

## ルール1：「人の話をよく聞く」

対話的な態度は、人の話をよく聞こうとすることから始まります。具体的には自分が話す以上に誰かの声に耳を傾けること、もし相手の言葉をうまく聞き取ることができなかったら、その人が何を言いたがっているのか、なぜそのように言いたいのかを一緒に考えてみましょう。

## ルール2：「自分の言葉で話す」

このルールは「偉い人の言葉を使わない」と言い換えることもできます。哲学対話で大事なのは、自分の経験に基づいて考えることです。有名な哲学者の思想を引用したり、評論家の意見を借用するのではなく、自分の考えを自分の言葉で話していくことが重要です。またこれは、多様な人が参加する場において、難しい用語や理論を共有しづらいということに対する配慮でもあります。

**ルール3：「人それぞれで終わりにしない」**

哲学対話と一般的な対話の違いは、その場において真理と呼ばれるもの（正しいといえること）を探し求めるかどうかにあります。もちろん、経験や価値観の違う人々が集まるので、意見は異なるでしょう。ただし、人それぞれの考え方が存在することは対話の出発点であって、到着点ではありません。一見すると異なる考え方であっても、実は共通する認識が隠れているかもしれません。同じ社会を生きる上で、お互い同意できることを一緒に考えようとする姿勢を大事にします。

**ルール4：「意見が変わることを楽しむ」**

他の人の考えを聞き、共に考えを深めていくことで、自分の意見が変わることがあります。一貫した態度、思考を固持したくなるときもありますが、考えていくことで前提が揺らぎ、認識が変わっていくことは哲学対話に参加する醍醐味の一つです。変化を恐れずに楽しんでいきましょう。

## ルール5：「他の人を非難しない」

哲学対話の場においては、自分の意見が他の人と違うと感じたときには、違うと発言することができます。ときにそれぞれの主張がぶつかりあうこともあるでしょう。しかし、人の意見に対する批判と、それを責め立てる非難は違います。その場にいる全員が安心して参加できるよう、お互いに気を配りあいましょう。また、ケアを必要とする繊細なテーマや問いでは、より細心の注意を払い、参加者を限定するケースもあります。

ファシリテーターは、これらのルールを参加者に共有するとともに、ルールに触れるようなことがないか注意しながら、対話が進むよう問いや論点の整理をおこないます。また参加者の考えを問いの形にまとめ、場に対して投げかける手助けも行います。

ファシリテーションをおこなう上でのコツとして、誰かの意見が分からないときには、正直に分からないと伝え、理解できるように対話を続けながら、その背後にある経験や知識、感情を整理していくとよいでしょう。また、一見同じような意見があったとしても、その違いに注目し、差異を掘り下げることで、新しい気づきを得られるときがあります。このように対話を進めていくと、テーマに対して参加者の主観から始まる様々な認識が、何かしらの客観性を帯びたもの――普遍的だと思える理解や気づき――へと発展していきます。

また、対話が終わった後に時間を取って、その対話自体がどうであったかをみんなで振り返ることもあります（ちなみに、この振り返りは「メタダイアローグ」と呼ばれています）。

哲学対話について説明をしてきましたが、実のところ「問いを立てるワークショップ」は哲学対話とほとんど同じ内容になります。舞台裏を明かすと、「問いを立てるワークショップ」という名前は、仕事の中で哲学対話をおこなうために考えた名称です（「哲学」と書くと、説明が難しくなるため別の呼び方をしてみました）。

ただ哲学対話と違うのは、問いを立てるワークショップの方が目的がより明確なところです。例えば、哲学対話では、テーマをゆるく設定して開催することができるのですが、問いを立てるワークショップでは、組織の中で価値観や意見が違いそうなところや、考えておくべき課題があるものを積極的に選ぶケースが多いです。

これまで行った例でいうと、遺伝子情報を扱うベンチャー企業においては「遺伝子情報を知ることは自分の将来の選択に自由をもたらすのか？」という価値に対する問いを考えるために「自由」というテーマで対話をおこない、あるニュースメディアでは、ニュースの公共的な価値を考えるため「公共」をテーマにディスカッションをおこないました。議論の方向性をある程度しぼるために、テーマを最初から問いの形に設定したり（補足すると、一般的な哲学対話でも問いの形でテーマを示すことがあります）、事前に議論の呼び水となる資料を用意してから話し合うこともあります。

このワークショップをおこなうにあたって、ぜひ実際に哲学対話に参加したり、ファシリテーションの経験を積むことをおすすめします。今では哲学対話について、より詳しく書かれた本[※1]も多く刊行されています。また、哲学対話を専門におこなう人にファシリテーションを依頼するのも一つの手段です。

## 補足

今にして思えば、「問いを立てるワークショップ」という言葉にして良かったと感じるのは、この名称が暗に「問い」を立てることの必要性を示しているからかもしれません。というのは、多くの仕事の現場で求められるのは迅速で正確な答えであり、簡単には答えの出ない問題について時間をかけて考えることは、本来あまり歓迎されないからです。哲学的に考えることは、ときに前提を疑い議論を後退させることもあります。しかし、哲学的な問いを立てながら対話することではじめて、そこで語られることを自分の問いとして考えられるようになったり、そもそも考えられることなく放置されていた問題に向き合うきっかけを得たりすることができます。

※1　手元にある、哲学対話について書かれたおすすめの本をいくつか紹介します。他にも、よい本があるので、書店で気になったものを手に取ってみることをおすすめします。

『ゼロからはじめる哲学対話（哲学プラクティス・ハンドブック）』河野哲也編、得居千照・永井玲衣編集協力、２０２０年、ひつじ書房

『哲学対話の冒険日記』
梶谷真司著、２０２３年、あいり出版
『哲学はこう使う――問題解決に効く哲学思考「超」入門』
堀越耀介著、２０２０年、実業之日本社

あと手前味噌になりますが、『ニューＱ』でも哲学対話のコラムを掲載しています。

『ニューＱ Issue01 新しい問い号』田代伶奈「哲学対話のはじめかた　愛しながらの闘いをしよう」

## 問いを立てるワークショップの実践：テーマ「言語化」

レシピに続いて、問いを立てるワークショップの様子（本書への掲載用として、2023年の11月にオンラインで開催）を対談形式で紹介します。実際のファシリテーションや、議論はどのようにおこなわれるのでしょうか。参考にしてもらえればと思います。

**参加メンバー**

押田 一平さん：デザイナー
鈴木 佐知子さん：デザイナー
塙 花梨さん：編集者
瀬尾 浩二郎：この本の著者
（ファシリテーター）今井 祐里さん

### 「言語化」の問い出し

**瀬尾**　本日は「言語化」をテーマに「問いを立てるワークショップ」を開催したいと思います。というのも、この本では哲学とデザインに関する話が大きな割合を占めているのですが、それらを一緒に考えることができるキーワードが「言語化」なのではないかという気がしたんです。今日は、「言語化」にまつわる問いをみんなで見つけて、探求していきたいと思います。

**今井**　では、早速始めましょう。最初にルールを説明します。

〈省略 ※ルール説明〉

**今井**　ルールの説明をしたところで、まずは対話のスタートラインをつくるために、皆さんから考えてみたい問いを集める「問い出し」から始めましょう。今はまだ明確に問いの形になっていなくても構いません。普段の生活や、これまでの経験の中で漠然と気になっていること、子供の頃に不思議に思っていたことなど何でもいいので、「言語化」というキーワードを聞いて思い浮かぶことを教えてください。

**塙**　私は出版社で編集の仕事をしているので、著者やデザイナー、イラストレーターの方々にお願いをすることが多いんです。そういうときに何と伝えたらよいか分からなくなることがよくあります。自分のイメージを伝えるのがすごく難しくて、いつも困っていますね。

**瀬尾**　昔、エンジニアとしてウェブサイトのアニメーションをつくっていたとき、デザイナーから「ロゴは最初にシュッと出てきて、次にフワッとなって、最後はドーンと表示したい」といった指示をもらうんですが、自分はそれが何を意味するのか分かったんですよね。逆にこちらが「でも、フワッとなってからシュッとした方がいいんじゃないか」なんて言うと「それもありだね」みたいな答えが返ってくる。確かにイメージの言語化は難しいけれど、なぜか理解し合えてしまうという経験もあります。そこでしか通じない言語というものが気になっています。

**今井**　実は全く通じ合っていなくて困った、ということはなかったですか？

**瀬尾**　デザイナーとの会話で困ることはなかったですね。でも、クライアントから「もっと勢いがあるようにしたい」と言われたときは、デザイナーとやりとりするような言葉でディスカッションすることができないので、実際にサンプルをつくって見せることが多かったです。

**鈴木**　そういうビジュアルの説明で、頭にあるイメージを因数分解して言葉にしたものを相手に届けるためには、ベースとなる信頼関係とか、ノリが合うことが必要だと思っています。共通理解がまだない人とは、まず関係を築き上げていかないと、なかなかうまくいかないことが多くて。それをつくり出すアイスブレイクが欲しいですよね。

**瀬尾**　今のお話を聞いて、信頼関係をつくることも、仕事をする上で共通言語を擦り合わせることも、どちらも大事なのですが、両者は別々のことのような気もしてきました。どんなに信頼関係があっても共通言語がない人とはコミュニケーションが難しいけれど、逆に信頼関係がなくても同じ言葉を使っている人とは話し合うことができる。ただ、その共通言語をつくっていくことには限界があるのかもしれない。

**今井**　共通言語をつくっていくことの限界について、もうちょっと詳しく教えてもらえますか。

**瀬尾**　自分の場合、何か構造のようなものを言葉で表現するのに難しさを感じることが多くて。デザインでもプログラミングでも、構造の中にある因果関係や、裏側にある論理立てのようなものまで全てを言葉で伝えるのがとても難しいんですよね。

　例えば、アクセシビリティ[※1]を担保するための配色ルールがあるという前提を共有していない人には、「この文字の背景色を赤にすると色のコントラストが弱くなるからあまり良くない」といったイメージをぱっとうまく伝えられない。共通言語を使っているとき、その背後には様々な前提が共有されていて、実はかなりの量の情報をやりとりしているんじゃないのかなと感じることがあります。共通言語をつくるためには知識や経験なども必要で、ただ言葉を揃えるだけでは成り立たないというところに限界を感じるのかもしれません。

**押田**　僕は「言語化することで得られるもの、損なわれるものとは何か？」ということを考えてみたいです。以前、仕事で課題をうまく言い表せなかったとき、同じプロジェクトにいる人が見事に言葉で表現してくれて「それですよ、それ！」と何かを得られた感覚があったんです。一方で、僕自身がワークショップをやるときに、アイスブレイクとしてみんなで絵を書いたり、粘土で何かつくってみるといった、何かを一緒につくるというある種の非言語的な経験を共有する機会をつくるんですよね。そうすると、そのワークショップがすごくよい場になって、お互いに「何か分かち合えたよね」と思うんだけれども、それをワークショップに参加していない人に言葉で伝えようとすると「あれ、なんか自分の経験はこれじゃないな」と感

※1　様々な人に対して、包摂的な利用のしやすさを言い表すデザインの専門用語。Ｗｅｂコンテンツにおいては、Web Content Accessibility Guidelines（WCAG）2.0という基準も用意され、サービスデザインでよく参照されています。

じることがあるんですよ。言葉にすることで気づけることと、言葉にすると失ってしまうことの両方がありませんか？

**塙**　あぁ、面白いですね。私は映画を観るのが好きなんですが、作品を観たあと、自分の感想を考える前に同じ映画を観た人の感想をＳＮＳで読んでしまうと、それ以外のことが考えられなくなるみたいなことがあって。誰かが言語化したものを先に入れちゃうと、他に考えが広がらなくなってしまう、狭まっちゃうところがあるなと、最近よく感じていました。

**押田**　めちゃくちゃ分かりますね。ちょっと哲学的な話になっちゃうかもしれないけど、そもそもこの世界を途切れなく全部つながっているものだと捉えると、そこに何か切れ目を入れるのは原理的には不可能なんじゃないかと思うんです。でも、人は言語というものを使って世界を分節していく。「言語化ってそもそも何なんだろう」みたいな話になっちゃうんですけど。損なわれるものという表現と近いのですが、言語化と暴力って何かつながっている部分もあるんじゃないかなみたいなことも感じていて。人に力を与える側面もあるけど、大切なものが捨象されてしまう側面もある。

　今の映画の話で言うと、他人の感想を読むことで何らかの理解を得られるというポジティブな側面があるけど、それによって自分の思ったことを忘れて、他の考え方ができなくなるネガティブな側面もある。

**瀬尾**　確かに「この映画はこうである」と言語化されることで考えが規定されてしまうこともあるけれど、一方でうまく考えるためにあえて規定しているみたいなところもあるなと思います。今、はっと気づいたことなんですけれど、言語化って「今あるこの世界の何かを言葉で言い表す」ということと、もう一つ、「この言葉を切り口に新しく何かを考えられるんじゃないのか」みたいなことがあると思って。いい例がすぐに出てこないんですけど、例えば「今回は柔らかいデザインにしよう」と言われることで、「柔らかいデザインとは何だろうか。ちょっと考えてみよう」といった感じに、言葉を最初に置くことで、これから考えようとすることを捉えてみることがある。何かを考えるための言葉、考える切り口を言語化しているみたいな感覚とでも言うんでしょうか。

**今井**　なるほど、面白いですね。例えば映画の感想など、すでに感じたり考えたりした内容について言い表すための言語化と、これから考えていきたいことの取っ掛かりをつくるための言語化の2種類があるのではないかということですね。そして後者の言語化では、損なわれるものがない？

**瀬尾**　「柔らかいデザイン」を考えているうちは、「硬いデザイン」についての可能性はなくなるかもしれないですね。でも、何も言葉がないと逆に考えづらいときがあって、あえて言葉にすることで考えやすくなることもある。損なわれるというよりは、何かを発見するための言語化みたいな感覚かもしれないです。

**今井**　皆さん、いかがですか？

**押田**　後者は、いわゆるコンセプトみたいなものですか？

**瀬尾**　そうですね。言語化された切り口＝コンセプト、であっていると思います。これは、先ほど話に上がった規定してしまう力とか、暴力的なものとは少し違うような気もしています。

**今井**　本当にそれらは異なるものなんでしょうか？　両者とも、気になっている「何か」の言語化なんですよね？　モヤモヤしてるものを、とりあえず「柔らかいデザイン」と言ってみただけで、突き詰めればそれは、映画の感想を言うことと同じことしかしてないのではないかと思うんです。「柔らかいデザイン」という言葉を使ってみることで、それこそ「柔らかさ」みたいな語感に規定されて、その延長でしか考えられなくなったりもする。

**押田**　おそらく、こういうことじゃないでしょうか。一つ目はすでにあるものに対して名前を与えること。だからそれを聞いている人は、その人が持っていた経験と、その言葉がピタッとはまって「なるほどこういうことか」と腹落ちする。でも二つ目は、まだないものに形を与えるために、まずは一度その方向性を示す分かち合いの言葉をつくってみるような感じだと思うんです。おそらく、みんなはそれを聞いても腹落ちしない。頭の中で「それってどういうものだろう」とはてなが浮かぶ。でも、そのはてなを分かち合うことで、そこから一緒に考えていける。そんな違いがあるのかな、と聞いていて思いました。

**今井**　なるほど。

**塙**　これも言語化のよい面、悪い面なんですかね。先ほどの暴力性という悪い面についてもう少し考えてみたいです。例えば、言語化されることによって、人々の間で差別意識が高まったり糾弾する言葉が生まれたりして、SNSで誰か特定の人への誹謗中傷が始まるというようなことがある気がして。言語化されるまではそんなに咎めるほどのことでもなく、もっとボンヤリしていたのになぁ、と思うことがあるんです。

**今井**　規定する言語には功罪がありそうですよね。

**鈴木**　少し話が変わるかもしれないのですが、例えば極端な例だとフェイクニュースを信じてしまうとか、言葉にして、説明した途端に分かった気になっちゃう、みたいなこともありますよね。普段私も気をつけているのですが、本を読んで得たような借り物の言葉なのに、それについて語っただけで分かった気になっちゃうみたいなことがあるんです。

**押田**　言語化したときに分かった気になるとか、ちょっと安心したりするのって、なんでなんでしょう。

**瀬尾**　確かに、言語化することで安心する。

**押田**　順番としては、分かったつもりになって、安心するんでしょうかね。本当に安心なのかは分からないですけど。

**瀬尾**　さっきの、規定するための言語化と、探究するための言語化で言うと、押田さんは、どちらの方がより安心しますか？

**押田**　前者ですかね。複雑なものや、理解できないものが、それ自体は別に変わっていないにもかかわらず、言語化された瞬間に理解できた気になってしまう。あるいは本当に理解できたのかもしれないですけど、すごく「分かった!」という感じがして、ほっと安心させる力があるように思います。

**今井**　今の話、すごく面白いと思いました。一方で、言語化していなくても分かっていることもあるじゃないですか。言語化してないので例を言いづらいんですけど（笑）。例えばよいワークショップになったときの「この感じ」って、条件を挙げてもしっくりこないんですけど、でもやっぱり感覚としては分かっている。それが分かっていると、言語化しなくてもすごく安心できるんですよ。

　だから本来は、体感として分かっていれば、もちろんそれが間違っている可能性もあるんですけど、言語的に把握されているかどうかは関係ない気がします。そう考えると、何かを言語化して初めて安心できたときって、もしかすると体感的にはまだよく分かっていないのかもしれないですよね。分かっていないから、言語化することによって安心するというか。

**鈴木**　人間は分からないからこそ言葉をつけると、聞いたことがある気がします。

**塙**　うんうん。

**瀬尾**　その言語化って、何かを言い表す感じですよね。言葉でつくられる小説は、月がこういうふうに綺麗だったとか、この街はこんな匂いがするとか、うまく言語化するなと感じさせる表現は確かに多いんですけど、逆に言葉で簡単に言い表せない感情や機微を、ストーリーや舞台設定を用意することでようやく描いているところも結構あると思うんです。そのような設定も含めて、うまく言語化したように捉えられるけれど、本当にそうだろうかという気もしていて。

**押田**　なんとなく分かります。文学とか小説ってちょっと違う気がするんですよね。あれは分かったつもりになるためとか、答えを出すためというよりかは、これは僕の解釈なんですけど、言葉では言い表せない感情やコンテクストとか、本来は言語で簡単に表せない複雑なものを、言語を通じて表現しようと模索している人たちが育てたもののような気がします。だって、答えを簡単に言い表せるのなら、小説なんてわざわざ書く必要ないじゃないですか。だから、小説や音楽というのは、本来言語では言い表せないものを、何とか無理矢理言語を通じて表現しようとしてる、すごくトリッキーなものなんじゃないかなという気がしています。

**今井**　その言語が色や形だと絵画になるし、音だと音楽になる？

**瀬尾**　同じ言語を扱っていても、学者のように概念の定義を細かく考えていく人と、詩人や小説家のように何かを表現しようとする人は、言語化に対する態度が全く違っているような気もしますね。

**塙**　うん、そうですね。

**鈴木**　私だけの感覚かもしれないんですけど、自然言語に限らず、音楽や写真、音や色とかそういうものも、言葉と同じレベルの言語に感じるんですよね。どちらが先にあるというより、本当に違う言語で、例えばデザインを言語化するときって、翻訳をしているような感じがするんです。「もったいない」という日本語が英語にないように、イコールになる言葉がないけど、何とか言い換えてるみたいな感覚もあって。とある写真家の方が「撮っていて幸せなのはデジタルだけど、ぼんやりしたフィルムで撮ると、情景が記憶に残りやすい形で伝わる」といったことを言っていて、表現によって伝わり方が違うところがあるんだなと思ったことがあります。伝えたいことに適した表現を選び取ることで、より伝わりやすくなる。音楽とか絵画は、言葉で言いにくいことを伝えようとする何か別の表現のための言語なんじゃないのかなって思っています。

**瀬尾**　自分はすごく共感しますね。

**今井**　小説における言語や、絵画における色や形、写真におけるフィルムが同じように何かを表現するための言語であるということですね。そうすると、鈴木さんが「翻訳のよう」という説明のための言語に、むしろ異質性を感じました。説明するための言語だけに限って言えば、音や色や形ではダメで、「言葉」だけしかないというか……。同じ「言語」という言葉を使って話してるので、ややこしいんですけど。

**瀬尾** 説明言語と呼んでみましょうか。

**塙** 別の方は、表現言語とか。

**今井** いいですね。テーマに戻ると、私達が「言語化」と言っているときって、やはり説明言語の話をしているのではないかと思うんです。

**押田** うん。

**鈴木** 一番細かく、正確に伝わりやすいのはやっぱり言葉だなっていう感じは確かにしますね。

**押田** 写真の話を聞いていてふと思ったんですけど、言葉って元々は絵だったりしたじゃないですか。象形文字みたいな。だから、現実をそのまま写しとった写真は、象形文字と同じようなものだという感じがするんです。でも、今井さんの言っている、説明言語が異質というのもすごく分かる。もともと絵だった言語がどう発展して今の形になってきたんでしょうね。象形文字だって、最初は絵画や写真を見るのと同じ感覚だったのかもしれないですよね。

**今井** 最初の問い出しで皆さんの話を聞いているときから考えたかったんですけど、言葉と現実の関係って何なのでしょうか。それこそ象形文字って、例えば木を木の形で描くとか、現実の写しじゃないですか。カメラの写真も現実の写しだし、音楽も人間の情感などを含めた、ある種の現実の写しのような気がする。一方で説明言語に関しては、実は現実と直接には関係ないことをしてるんじゃないかっていう気がしていて……。

**瀬尾** 現実と関係ないことをしている……。もう少し詳しく説明できるでしょうか。

**今井** それがね、分からないんです。

**一同** (笑)

**瀬尾** 例えが正しいか分からないんですけど、数学が基本的に数字と数式だけをもとに世界を発展させてきたように、説明言語を使っているときは、現実と切り離された言葉をもとに何かが行われているということでしょうか？　ちょっとうまく説明できないですね（笑）。

**今井**　言語化が難しいものとして「愛」という概念について考えてみたいんですけど。愛を表現するときって、小説でも、漫画でも、その物語において、現実にある愛を映していく作業をするじゃないですか。これが愛というものなんじゃないかみたいなことを映してると思うんです。一方で、説明するときは、愛というものを、何であることにするのかとか、何であったらいいのかを考えていて、すごくバーチャルな感じ。現実に対して、距離がある気がするんです。うまく言えてるか分からないんですけど。何か他の言語とは現実との関わり方が違うんじゃないかな。

**瀬尾**　自分の中では、説明言語の方が現実とリンクするような気がしています。表現言語の方が個人の主観を通したものなので、現実との距離が遠いのかな、と。

**今井**　それが実は逆なのではないか、と考えてみることはできないでしょうか。主観をとおしてであれ、別に現実としてあると思うんですよ。私が捉えてる愛とか、私の人生に生じている愛とか、すごく私の主観的なものだけど、私の人生というその場においては現実にあるものじゃないですか。でも、そこから一歩引いて「愛って何だろう」とか、説明しようとするときに、現実に対してバーチャルなことをしているなとふと思って。

**瀬尾**　どんなときにバーチャル感を感じるんですか？

**今井**　考えてみるので、皆さん話していてください（笑）。

**塙**　でも、言わんとしてることは分かる気がします。それこそ、うまく言語化できない（笑）。感覚的には確かに分かるというか、なんて言えばいいんですかね。その、説明言語というものが身近に目の前にあるものとかではないからなのかな。ちょっと一定の距離を置いた感じで言ってるような気がするってことですよね。なんかその感覚はすごく分かりますね。

**押田**　説明言語は他のものと抽象度が全然違って、何かやっぱり具体から完全に切り離されている。今井さんが言いたいことがすごく分かりますね。具体を離れた愛なんて概念は存在しないと思っているんです。愛って何か具体的な経験とか、具体的な感情の中にしか宿らないものでそれらを包括した抽象的な概念としての愛なんてものは、言語の世界にしか存在していないと思うんです。

だから、例えばさっきの差別の話も、誰かに対して差別的な言葉を使った攻撃が行われているとき、差別している人は言語や概念にしか向き合ってなくて、具体的な相手に向き合ってないんじゃないか、という気がするんですよね。説明言語だけが別のレイヤーにあるという感覚が分かってきたのかもしれない。

**塙**　めちゃくちゃ言語化されている！

**押田**　これが言語化か（笑）。

**今井**　今の言語化は、表現言語の技ですかね。私が捉えているある現実を、うまく表現してくれたという感じがします。何か説明してくれたわけじゃないというか、そこがまた面白いなって思います。今のは一般的に説明と言われることだと思うけど、でもさっきの定義からすると説明じゃなくて表現になる？

**押田**　あれ、説明言語と表現言語の違いがよく分からなくなってきてしまった……。

**今井**　うーん、確かに混乱してきました。表現言語は存在しているものを現実に即して写し取ろうとしていて、説明言語は存在するものに対して架空の世界のような一つの体系をつくっている、というように区別してみるとどうでしょう。現実に対して注釈をつけるのが説明言語、現実をそのまま写して、別様に置くのが表現言語というような。

**押田**　目の前に猫がいるとして、「猫がいる」と僕らは言う。でも、よくよく考えると1匹の生物がそこにいるだけで「猫」というのはただの概念であるという言い方もできるじゃないですか。それでいくと、猫も愛と同じ？

**今井**　猫は猫という名前。ラベルは架空なんですけど、でもそこに当のふわふわとした何かはいる。

**押田**　確かに。

**今井**　猫という名前は人間が勝手につけたものだけれど、でもそこにふわふわの何かは存在している。それが重要な気がしていて。そのふわふわを、日本語では「猫」、英語だったら「ｃａｔ」。もしかしたら、画家は猫の絵を描くかもしれないし、音楽家だったらワルツをつくるかもしれない。だからその意味では「猫」という言葉と、さっき鈴木さんが言っていたように写真や絵も含めた現実を表すためのあらゆる言葉というのは、同じ言語なんじゃないかという気がするんです。

**鈴木**　例えば、猫は「猫」という固有の名詞を持っていますよね。それを、「動物」みたいな普通名詞で言うと。

**塙**　急にバーチャルっぽくなる感じがありますね。

**鈴木**　これは説明？　説明っぽいの？

**押田**　難しい（笑）。

**塙**　何か分類してるものというか、固有名詞じゃなくて、それよりさらに大きい分類みたいなものになると、急に説明言語っぽくなるんですかね。

**瀬尾**　なるほど。

**押田**　猫にこだわりたいわけじゃないですけど、よくよく見ると猫も全然違う形の猫がいっぱいいるし、それを僕らは無理やり「猫」というカテゴリーにまとめていますよね。

**今井**　言語になった瞬間に説明的な要素がどうしても生まれるのかなぁ。

**押田**　これ、何の話でしたっけ？

**今井**　（笑）。言語と現実の距離の話、ですかね。

**瀬尾**　自分はまだ分からなくって。時速80キロは現実のものとして分かるんだけど、スピード違反と言われると、それはまだ現実のもの？　存在していないものでも、人間がつくった決まりとか風習になってくると、どこかから現実としての強度が生まれてくる。例えば「会社」もみんなの頭の中で認識することで、お金のやり取りとか、商売がおこなわれるようになる。人が集まる建物を会社のオフィスとして認識しているけれど、現実に「会社」という物体はない。

**塙**　うんうん。

**今井**　でも、ビルとか人々の集まりとか、そこで現に動いている取引は現実にあるわけですよね。

**瀬尾**　うん、だから、愛というものも、親子の愛による子育てがあったりする。

**今井**　具体的な現実、私と両親とか、私とインコとか。それは、現実にあるものの写し。小説がいろんな愛を描くのも、現実を写している感じがする。でも、「愛とは人間が誰かに対して抱く、大事にしたいという気持ちである」みたいなことを説明した瞬間に、話がバーチャルっぽくなる。そこから、先ほどの「言語化することで何が損なわれるのか」という問いに答えると、そこにある、ある種の現実を損なうことになるのではないかと思うんです。

**瀬尾**　その感覚はすごく分かる気がしますね。でも、自分は言語化することで損なわれるものって、もう少し、何か別の可能性みたいなものとして捉えていて。

**押田**　うん。

**瀬尾**　「このデザインは柔らかい」と言うことで、なんかそこにある硬さが急に見えなくなってしまうみたいなものとか。「資本主義的なデザイン」とか言われると、なにかそういうイメージでしか見れなくなる。「いや、もうちょっと本当は他にある気がしたんだけどな」みたいな。なにかそういう損なわれ方、本当にそこにあるものをなにか完全に的確に表現しきれてないみたいな。結局そのデザインそのものでしかデザインそのものは語れないみたいな世界を、「世界をなるべく正しく描こうとする地図を描くと世界そのものになっちゃう」みたいな話のイメージなのかなっていう気がしたんですけれど。もうちょっと別の段階の現実離れみたいな感覚が、損なわれるっていうような。

**今井**　今の話は、実は同じなのではないかと思いました。最も正確な地図は現実そのもので、言葉によって、もう一つ同じ現実をつくるわけですよね。

**瀬尾**　なるほど。そうですね。もうちょっと、可能性みたいなものが損なわれることと、現実が損なわれるみたいなことの2種類があると思って。一方は現実で、もう一方は現実にまだ存在しない可能性みたいなもの。冒頭の方で自分が理解してた、何かを規定するための言葉と、何かを探求するための言葉みたいなのがあって、その二つ目における可能性みたいなものがなくなるのかなと。

**押田**　知り合いが「自分の素朴な感情を、素直にぽろっと言える人にすごく憧れる。自分はそういうことができない」みたいなことを言ってぃたんですよね。その人の世界観では「素直な感情をぽろっと言うことができない」と、自分を言語で規定しているんだけど、でも「そういう人に憧れてるんですよね」って素朴にぽろっと言ってるわけで……（笑）。

**一同**　やってる（笑）。

**押田**　それで、「できてるじゃん！」と指摘したんですよ。具体的な行動とか発言のレベルで見ていくと、実はできてることがあるのに、「これはこういうものである」と言った瞬間に、もうそういうものにしか見えなくなってくる。差別の話とかもそうだと思うんですよね。一つのカテゴリーに押し込んだ瞬間に、もうそういうものにしか見えなくなってくる。一方で、悪い側面ばかりに注目してしまったけれど、例えば民主主義とかダイバーシティとか、言葉にして初めて分かち合えるものもある。だから、言語ってやっぱり功罪あると思うんです。すごく力強いものだからこそ、現実を傷つけてしまうこともあるし、人々を連帯させることもできるみたいな。可能性を損なうこともあれば、新しい可能性を生み出せる部分もある。

**今井**　そうですね。説明言語って、現実に対してそれをメタ的に規定する仕事をしていると思うんですけど、間違ったふうに規定してしまうと、現実を歪めてしまう。でも、現実を拡張しうる形で規定していくと、現実でできることも広がるみたいな感じで、現実と説明的言語の力関係、影響がある中に言語化の功罪があるのかもしれませんね。

**瀬尾**　ありがとうございます。そろそろ時間ですね。

## メタダイアローグ

**今井**　あっという間に1時間経ってしまいました。最後に皆さんの心に残った問い、話に出てこなかった問いでもいいんですけど、やっぱりここが一番分からないとか、ここから考えていくと面白いんじゃないかと記憶に残っているものをお聞きしたいです。

（一同、チャットに書いてみる）

**今井**　皆さん書けたようですね。まずは、瀬尾さんから。

**瀬尾**　話せなかったことにも若干つながるんですけれど、「いつどのように言語化するべきなのか」という言語化の倫理みたいなことが気になってきました。哲学は基本的に言語化する営みだし、デザインでも説明できるように言語化しようと努力する。哲学やデザインに限らず、社会においては何事も言語化していこうとする流れがあると思います。でも、ちょっと保留してみてもいいんじゃないかと感じるときがあるんですよね。あと言語化するときも、表現言語なのか説明言語なのか、どちらの言語化をしたいのか理解することで、何のために言語化するか、もっと考えられるんじゃないかということを思いました。

**今井**　つづいて、鈴木さん。

**鈴木**　今日、話していた説明言語以外にも色んな定義を考えられそうだなと思いました。例えば、ファンタジーの小説は現実を書いていないけれど、説明言語で語られている部分もある。もっと「説明言語とは」といったところを掘り下げながら、そこからあふれ出したものが、何なのかみたいなことを考えてみたいなと思いました。

　あと、言語の力学とでも言うんでしょうか。話し言葉や書き言葉に限らず、言葉が載る媒体、例えば紙なのかデジタルメディアなのかで表現の仕方や伝わり方が変わってくるのかなと思います。そのあたりも話し足りなかったところですね。

また、書かれた言葉が一般的に指し示す意味に対して、その言葉から得られるインスピレーションは人によって違うこともある。そういった言葉が与える印象や影響に対する気の使い方や配慮といったところも話したら面白そうでした。

**今井**　ありがとうございます。では、塙さん。

**塙**　説明言語のバーチャル感について考えたことがなかったので、とても印象に残りました。あと、言語というと、いわゆる言葉のことを意識していたんですけど、写真とか絵画とか、そういうものも言語なんだと思いう考え方は本当にそうだなと思って、もっとそこから話を広げていけそうですね。

私も仕事で人が書いた言葉を編集するんですけど、「どこまで分かりやすくするべきか」をすごく悩むときがあるんです。分かりやすい言葉に綺麗に落とし込むのがいいのか、あえて筆者の個性を大事に使った言葉をそのままにするべきか、いつもその塩梅に悩みます。「伝える」ことが言語の基本的な目的だと思うんですけど、その伝える要素に、その人の人間性も含まれていたりするので、「そこは削っちゃいけない」と悩ましく思うことが多いです。そういう話もしてみたかったですね。

あともう一つ、言語は道具だと思うのですが、自分が頭で思い描いてる感覚を完璧に言葉にすることは難しい。だからこそ、何か間違った使い方をしてしまう人もいると思うんですよね。効能が大きな道具だからこそ、時には間違えながらもどう使っていくとよいかという方向に話を広げられたら、私達の日常においても少し気が楽になるヒントを見つけられるのではと思いました。

**今井**　ありがとうございます。私も「言語化の上手い下手や良し悪しって何だろう」という問いをさらに考えてみたくなりました。塙さんがおっしゃった「言語化するときに何が伝わるといいのか」ということは、どのような本を書いているかにもよると思うんですけど、ただ内容が明晰だったらいいのか、話し手の個性まで伝わった方がいいのか、その都度何が伝わるといいのかは変わってくると思うんです。本に限らず、例えばマネジメントの際、単純に指示内容だけ伝えた方がいいのか、それとも気持ちも含めて伝えた方がいいのかで、全然違うコミュニケーションになると思います。この問いは、サービスデザインにおけるコミュニケーション設計の話にもつながるんじゃないかと思いました。

**瀬尾**　「何かを言うとき、その言葉で言い表される以上のことをしている」という考え方があると思うんですけれど、コミュニケーションをデザインする上で、もう一つ抽象的な階層で「言語経験」という概念を掘り下げてみてもいいかもしれないですね。「人は言葉を受け取ったとき、その情報以上の経験をする」と考えたとき、その経験をどのようなものにしたいのか。自分が文章を書いているときは、そういった言葉による経験を意識したものの、うまくいかなかったときに、分かりにくさが生まれてるような気がしました。

**今井**　韻とか語感とか、詩を書くときには誰しも強く意識することですよね。メタ的に伝わることを考えるのはとても面白いと思います。この流れで私がもっと考えてみたかったことを言うと、「現実をよりよく拡張するために、説明言語をどのように運用するか」という問いが最終的に気になりました。美しいものが世の中に増えてほしいと単純に思うのですが、そのためには説明言語をうまく使えるといいんだろうなと感じます。そのとき、現実をよりよくしていくバーチャルさとは何だろうということが気になって。それはもしかしたら、言語化するとき何が伝わるといいのかということと、すごく関わる問いだと思いました。最後は、押田さんですね。

**押田**　まず説明言語と表現言語という区分けが面白かったり、表現言語はむしろ写真や映像に近いという話がすごく新鮮でした。その中で、そもそも詩ってなんだろうということが気になりますね。詩は具体的なものを表現するものもあるけれど、言語でしか表現できないことを追求する抽象度の高いものもある。詩は説明言語でも、表現言語でもあるんだけれども、また違うもの、その二つに当てはまらないものなんじゃないかという気もします。詩って何なんでしょうね。

あと、もう一つ話してみたかったのは、編集する際に、言葉をどう残すか。僕も仕事でインタビューをすることがあって、内容を書き起こしてそこで使われた言葉を整理したり構造化したりして、レポートにまとめるといったことをやっているんです。でも抽象化していく中で、その人の語りが持っている良さが、どんどん失われていく感覚がある。それがすごく嫌なんですよね。

話した人の言葉が持っている良さを残そうと思って、なるべく口語体のまま書き起こしたり、一時期そこに何か変質的な執着を持って、言い淀みまで書き起こしてしまい（笑）。

**今井** 生活史調査のような。

**押田** そう、生活史調査のような。でも、きりがないと思って止めてしまったんです。でも最近は、もう行くところまで行って、「書き起こしじゃ無理だ」と思って映像を撮り始めたんです。

**瀬尾** 分かります（笑）。

**押田** レポートにまとめていく過程で、生身の良さをそぎ落としているという感覚があるんです。そこで自分のやっている行為は何なのか、そこで失われていくものって何なんだろう、ということをさらに話してみたいですね。

**塙** すごく気持ちが分かりますね。

**今井** ありのままを取りこぼさないことを突き詰めようとすると、最終的にビデオメッセージになりそうですね。

**瀬尾** 同じ編集でも、映像で重要なところが切り出されたものと、テキストでまとめられたものは与える印象が全然違いますよね。自分も映像でできることを実験しようとしているんですけど、まだ試行錯誤中です。

**今井** 過剰にすることでより現実に近づけられることってあるじゃないですか。表現や演出を過剰にすることで、やっと現実とトントンに伝わるみたいな。それが面白いですよね。私は今「フィクション」という言葉を「バーチャル」と全く違う意味で使ってるんですけど、なんというか映像以上に書き起こしの方が現実に近い、しかもそこにフィクションが入る方がもっと現実に近づくみたいな、何かそういう技法もあるのかも。

**瀬尾**　映像だと演出が過剰にできちゃいますよね。カメラのアングルと照明だけでも、だいぶ演出ができてしまう。撮った人の意図や主観が反映されやすい。

**押田**　とはいえ、映像の編集も最初に建物を撮って「ここはこういう場所である」といったことを見せて、そこで何が起こっているかのカットを挟んだりしながら、ようやく人物に近づいていくといったように、何か言語的な説明をしていますよね。

**塙**　うんうん。

**押田**　言葉と同じことを、違うやり方でしているだけなのかなという気もしてきました。鈴木さんの話を聞いて、すごく腹落ちしたところです。こういった話をずっと話せますね。

**一同**　話せる！（笑）

**今井**　普段の仕事では、問いを立てるワークショップでいい問いが出てきたら、それをもとにまた話したり、そこからリサーチにつなげて関連する本の読書会や、リサーチした内容をもとにワークショップを開催したりしています。また、そこで気になる概念が出てきたら概念工学ワークショップをおこなってみるなど、出てきたものにあわせてフレキシブルに進めていくんですよね。

**塙**　なるほど。

**今井**　今日の内容は、メタダイアローグを含めて次につなげると面白い問いや観点がたくさんあったのですが、紙面用ということで、一旦ここで終わりにしたいと思います。ありがとうございました。

**一同**　ありがとうございました。

問い立て君〈問いを問う〉

問いとはなにか…
と、問うことはなにか…
問うてるね
問いが何であるか明確にしないと、問いを問えないのかも
ナルホド
問い
問う
問うことなく、問いを問うことはできないのだろうか
それも問いだね

# 第2章
# 概念を工学する

# 哲学営業日誌：問いを立て、概念を工学する

『ニューQ』を刊行して良かったことの一つに、編集者として哲学研究者と哲学について話せるようになったことがあります。ある日、分析哲学と文化をつなぐ専門雑誌『フィルカル』メンバーの谷田雄毅さんから連絡をいただき、雑誌づくりについて話し合うこととなりました。せっかくの機会なので、雑誌づくりについて意見交換するだけでなく、谷田さんから分析哲学の話を色々と聞かせてもらうことになりました。

分析哲学が何であるか説明するのは、専門の研究者であってもなかなか難しいことなのですが、谷田さんの話によれば、分析哲学は19世紀末から20世紀の初頭にかけて誕生し、欧米を中心に発展してきたようです。主に概念を分析していくことを活動の中心としており、一人の哲学者が大きな理論を打ち立てるというよりは、特定のテーマのもと、コミュニティ内で議論をおこないながら研究を進めていくことが多いという特徴があると言えそうです。分

析哲学者の名前を私の本棚から探していくと、例えば、ティモシー・ウィリアムソン、ロバート・ブランダム、サリー・ハスランガーといった人達が見つかります（もちろん、もっとたくさんいますし、分析哲学の始祖としてフレーゲ、ラッセル、ウィトゲンシュタインも忘れてはならないのですが、私はまだしっかりと読むことができていません）。

また最近では、分析哲学において概念の分析にとどまらず、概念の定義を改訂したり、あたらしい概念の提案をする「概念工学」と呼ばれる取り組みが注目を集めていると教えてもらいました。そのときは、ただ興味深く話を聞いていたものの、後になってから徐々により大きな驚きがやって来ました。その驚きとは、まず哲学には科学のように普遍的な真理を探求しようとする姿勢が感じられるのですが、その哲学において、もっと工学的な態度で概念をつくったり、つくり替えようとする試みが存在することに対する意外性です。つくることと哲学との関係を考えるにあたって、概念工学を掘り下げていくとよいのではないかという予感がしました。

そのような経緯で、『ニューQ』の2冊目となる「エレガンス号」では、特集で概念工学を取り上げ、分析美学者の銭清弘さんと写真家の間部百合さんとともに、実際に概念工学をおこないながら写真を撮影するという企画を立ててみました。また雑誌の企画と並行して概念工学のワークショップをつくってみようということになり、雑誌にも寄稿してもらった哲学研究者の遠藤進平さんに協力してもらいながら、ｎｅｗＱメンバーの今井さんが企画を進め、何回か実験的にワークショップを開くうちに、興味を持った企業から「概念工学ワークショップ」のオファーをもらうことへとつながっていきました。今では「問いを立てるワークショップ」に続いて、ｎｅｗＱでおこなう代表的な哲学のワークショップとなっています。

本章ではこの概念工学という取り組みについて紹介していきたいと思います。概念を工学するとは、具体的に何をすることになるのでしょうか。また、概念を工学することに、どのような意味があるのでしょうか。

# 概念工学とは何か

第1章では、問いを立てることについて理解を深めてきましたが、問いを立て、考えていくにあたり、そこで議論の対象となる概念を掘り下げることも、哲学する上で重要な手段となります。第2章では問いについて考えていく切り口になる「概念」を見つけ、それがどうあるべきか検討する方法「概念工学」を紹介します。

概念工学がどのようなものであるかについては、哲学研究の場において様々な見解があり、今も議論がおこなわれているのですが、ここでは私の知識や経験をもとに紹介していきたいと思います（なので、他で行おこなわれている説明と少しニュアンスが違う可能性があります)[※1]。まずは、概念工学を「概念」と「工学」に分けて、それぞれ順番に説明をしましょう。

概念と聞くと、なにやら難しいことのような気がしてきます。普段、概念について意識することもあまりないかもしれません。しかし、概念は問いと同じくらい、いやそれ以上に私達の身の回りにあるものです。そんな概念についてまず言えるのは、私達は物事を様々な概念をとおして認識しているということです。例えば文字が印刷された紙の束に表紙をつけ、綴じたものを「本」という概念で私達は認識しています。また財布に入っているコインや紙幣も不思議なもので、「貨幣」という概念を私達が共有しているがゆえ、金額の書かれた円形の金属や長方形の紙を、様々な商品やサービスの対価として交換できています。形のないもので言うと、「善」や「悪」、「愛」や「希望」といったものも概念です。

「本」や「希望」のように、大抵の概念には名前がついています。また、名前のついていない概念に、新しく名前をつけることもできます。名前がつくと、その概念を言葉で書き記して人に伝えたり、考えるときに利用できます。例えば性の多様性を言い表す概念として「LGBTQ」という言葉が普及することで、私達の社会は以前よりもそのことについて理解をしようとしたり、課題に向きあうことができるようになりました（そして、それがまだ不十分であるとも認識できるようになったと思います）。

ここでは概念というものを、私達が物事を認識するためのツールであると考えてみることにします（問いを情報探索のツールとするラニ・ワトソンの定義にあわせてみました）。「概念とは何か?」については様々な議論があるのですが、ここで紹介する「概念を工学する」というテーマにおいては、一旦これくらいの認識で十分ということにして話を進めてみたいと思います。

続いて工学の説明をしてみましょう。科学がこの世界のなりたちを探求していくことが目的なのに対し、工学は、科学的な知識や理論を用いて人々の要望に応えたり、社会にある様々な問題を解決したりすることを目的とします。例えば、燃焼というテーマの場合、科学では、燃焼とはどのような化学反応であるか、実験を繰り返し、理論を組み立てて解明していきます。それに対し工学では、科学的な原理をもとに様々な材料や仕組みを試し、より効率的な燃焼技術を見つけ、火力発電やロケットエンジンの開発に役立てていくことを目指します。

私は哲学に「この世界にあるものの真理を探求する」というイメージを持っていたのですが、よくよく哲学の営みを見ていくと、意外にも「この世界にまだない新しいものを生み出す」もしくは「すでにあるものを改良していく」という工学的な側面があることに気づかされます。例えば、「人権」は哲学的に工学された概念の例として挙げられるでしょう。「人権」という概念によって、私達は不当な差別に反対したり、困窮したときには、社会に保護を求めることができます。また、この「人権」概念は改良されながら――女性の権利や民族、人種の平等などが含まれるようになりながら――現代に至っています。

あらためて、概念工学とは何でしょうか。それは概念――私達が物事を認識するためのツール――の評価をおこないながら改良、もしくは新しく発明することで、人々の要望に応えたり、社会にある課題を解決していこうとする営みであると、ここでは答えてみたいと思います。先ほどの「人権」も概念工学の産物といえるのですが、実はこの「概念工学」自体が、このような哲学の営みを明確化するために最近新しく工学された概念であったりもします（この原稿を書いている今も、この「概念工学」という概念を巡って様々な議論がおこなわれています）[※2]。哲学史的に見れば、まだ登場したばかりとも言える概念工学をなぜここで紹介したいかというと、問いを立てて考えていったことをもとに概念を工学し、実際にその概念を使っていくことで、さらなる探求をしやすくなるのではないかと私が感じているからです。

本節では、私が概念工学の分かりやすい例だと思うものを三つ紹介します。概念工学がどのようなものなのか、概念工学によって何が起こるのか、見ていきましょう。

## 「健康」の概念工学

最初に取り上げるのは、WHO（世界保健機関）において「健康」の定義について議論された事例です。哲学研究の場でおこなわれた概念工学ではないのですが、概念工学の分かりやすい例として紹介したいと思います。現在のWHOによる「健康」概念の定義は次のようなものです。

> 健康とは、病気でないとか、弱っていないということではなく、肉体的にも、精神的にも、そして社会的にも、すべてが満たされた状態にあることをいいます。
>
> 日本WHO協会「健康の定義」より引用

この定義は世界保健機関（ＷＨＯ）憲章が採択された１９４６年より変わっていません。しかし１９９８年に開催された第１０１回ＷＨＯ執行理事会において、この「健康」定義に霊的（spiritual）、動的（dynamic）という要素を加えることが検討されたことがありました。それにより改訂される新しい「健康」概念は次のようになります。

健康とは、病気でないとか、弱っていないということではなく、肉体的にも、精神的にも、**霊的**にも、そして社会的にも、すべてが**動的**に満たされた状態にあることをいいます。

日本ＷＨＯ協会「健康の定義」をもとに、改正予想部分を筆者が追記

この定義の改訂には、どのような意図があるのでしょうか。日本ＷＨＯ協会では次のような説明をおこなっています。

この提案を行ったのはＥＭＲＯ（東地中海地域事務局）です。アラビアのイブン＝シーナー（９８０〜１０３７）の『医学典範』は、ギリシア・ローマに由来する医学理論を体系的に整理したもので、長くヨーロッパにおいても医学の教科書として使われました。そういうイスラム医学の伝統に則って、文化的宗教的な背景に基づいた健康観を提案したものと考えられます。

日本ＷＨＯ協会「健康の定義」より引用

霊的（spiritual）という言葉をどのように捉えるかが難しいところではあるのですが、この提案では医療と宗教が密接に絡み合うイスラム世界において、「健康」の条件として霊的に満たされていることの必要性を示しています。

もう一つの動的（dynamic）という言葉を加えることについては、どのような意図があるのでしょうか。当時の報告書を見てみましょう。

dynamic という言葉は健康と病気が連動した一体のもの、すなわち時間的経過での一体性や健康臓器と疾患臓器の一体性を表現することであり、今では普遍的に受け入れられてもおかしくない。

日本公衆衛生雑誌 第12号「ＷＨＯ憲章の健康定義が改正に至らなかった経緯」より引用

残念ながら、当時の審議が霊的という言葉に集中したため、動的という言葉については十分な議論がおこなわれなかったようなのですが、最終的にこの改正案はＷＨＯ総会で採択が見送られることとなりました。この定義の改訂に対する反対意見としては医療と宗教の混同や、代替療法が横行することへの危惧などが挙げられたようです。

この事例においては、「健康」概念の改訂までは至らなかったのですが、「健康」という概念が、どのようなものであってほしいのか」という問いから概念工学がおこなわれました。

さて、それから20年以上経過した現在において、健康をどのような言葉として捉えるべきか考える余地は、今もなおあるでしょう。少なくともコロナ禍以降、私達の健康に対する意識は変わっています。例えば、自分が健康であると感じていても、実際はウイルスに感染しており無症状の状態ではないかと不安になる経験を、私達の多くはしています。また、健康に対する情報の集め方も変わりました。政府による様々な施策をとおして、健康という言葉に含まれる政治的なニュアンスを意識させられることもあったのかもしれません。このような健康への意識や行動の変化は、「健康」という概念をあらためて見つめなおす契機となります。「健康」という概念がどのようなものであると良いか考えることは、社会においてどのように健康に対して配慮するべきか考えることにつながりそうです。

## 河川の概念工学

続いて紹介するのは、想像力豊かな概念工学の事例です。説明に入る前に少し脇道に逸れた話をすると、契約を結ぶときなど、契約書に書かれている「法人」という言葉を見るたびにささやかな驚きを感じます。私達の社会は会社や非営利活動を行う組織を人と見立て、義務や権利を与えています。誰がそのようなことを思いついたのでしょうか。もちろん調べれば答えが見つかることなのですが（そして検索して見つけた記事を読んで、その歴史に驚いたりもするのですが）、今法人と呼ばれているもの以外にも、人権を持たせることが可能なようです。

近年、環境保護の視点で、自然に人権を持たせるという試みが増えています。ニュージーランドのワンガヌイ川や、インドのガンジス川がその例として挙げられます。どのような経緯で川に法的な人格を与えることとなったのでしょうか。そして人権を持たせることで何ができるようになるのでしょうか。ワンガヌイ川のケースについて書かれた記事を読んでみましょう。

ニュージーランド北島のワンガヌイ川は、流域に暮らすマオリの部族が７００年以上にわたって支配し、大切に守り、かつ頼りにしてきたもので、彼らにとっては、聖なる力をもつ「アワ・トゥプア」（祖先の川）だ。しかし、19世紀半ばにヨーロッパ人が入植を始めると、この川に対するマオリの権限は徐々に奪われ、最終的には政府によって完全に消し去られた。

（中略）

だが２０１７年3月20日、驚くべきことが起きた。ニュージーランド政府は、「川は生きた存在である」という、かねてからのマオリの主張を法律で認めたのだ。この日に議会で可決された法案で、ワンガヌイ川とこの川にまつわるすべての地勢および形而上の要素は、「テ・アワ・トゥプア」という不可分の生きた存在であり、「法人がもつあらゆる権利、力、義務、責任」を有すると宣言された。

『ナショナル ジオグラフィック日本版』２０２０年3月号特集より引用

もちろん、川に権利を与えたところで川が主体的に流れを変えたり、裁判所に異議申し立てをするわけではありません。会社と同じく、代理人が訴訟を起こすなどの権利を有することになります（ワンガヌイ川のケースでは、先住民社会の代表からなる委員会と、当時の英女王の代理人を、代理人になる要件としています）。

このような試みが可能になった背景として挙げられるのは、アメリカの法学者クリストファー・ストーンが１９７２年に発表した「樹木の当事者適格――自然物の法的適格について」という論文で提唱された「自然物の当事者適格」という権利によります。その権利とは次のようなものです。

適切な人間が代理人になることによって、森や海、川などの自然物が法的権利を主張することができるとすること。

一般財団法人環境イノベーション情報機構「自然物の当事者権」より引用

この「自然物の当事者適格」という概念により、私達は川をはじめとした自然物に権利を与えるということを現実的に議論できるようになり、そして実際に自然物を「権利を持つ主体」として認識できるようになったということは、ぜひ覚えておきたいところです。

## サリー・ハスランガーの「女性」概念

最後に、哲学研究の場において概念工学がされた例として、サリー・ハスランガーの有名な論文を紹介します。[※3] 実際の哲学研究においては、どのような概念工学がおこなわれているのでしょうか。少し難しい内容ですが、補足しながら見ていきたいと思います。

ハスランガーは、論文「ジェンダーと人種――ジェンダーと人種とは何か? 私たちはそれらが何であってほしいのか?」において、ジェンダーや人種による差別の解消に向けて、「女性」概念の定義を改訂することを提唱しています。ちなみに、ハスランガーは、ここでの取り組みを概念工学という言葉を使わず、分析的探求(改良的探求)と表現しているのですが、概念工学の代表的な事例として注目を集めている側面もあり、ここでは概念工学の事例として取り上げたいと思います。また、論文の中ではジェンダーと人種を題材に扱っていますが、ここではジェンダーの側面に焦点を当てて紹介します。

論文を紹介する前に少し説明をすると、フェミニズムとは性別に基づく不平等や不正をなくそうとする運動です。フェミニズムの歴史においては、生物学的な視点から男女を捉えようとする「セックス」に対し、より社会的に構築された役割やアイデンティティを言い表すものとして「ジェンダー」という概念を扱ってきました。そして、ジェンダーをとおして、性別によって固定的な役割を期待されること——ジェンダーロール——や、男女に対するステレオタイプな認識に疑問を投げかけ、批判をおこなってきました。例えば、「女は子供を産み育ててこそ幸せである」、「男は泣いてはいけない」といった態度は、これまでの社会が作り出してきた誤った認識によるものであるという批判です。

フェミニズムの中でも、ジェンダーが捉えるところの「女性」が正確にどう定義されるべきかは、まだ明らかでなく、今もなお議論は続いています。その中で、フェミニズムにおいて解決すべき問題の対象となる人々を特定するために、ハスランガーはジェンダーにおける「女性」概念を次のように定式化しました。

私の分析によれば、女性とは特定の種類の社会的地位、すなわちセックスをもとに印づけられる従属的地位を占める人々である。

『分析フェミニズム基本論文集』31ページより引用

この定義にどのような意味が込められているのか、見ていきましょう。

まず、この定義の意図は、フェミニズムにおいて解決すべき問題の対象となる人々を正確に特定しようとするものです。その中で、ハスランガーはジェンダーを男女間の社会的地位、階級の違いを指し示すものとして捉えています。

「セックスをもとに印づけられる」とは、一般的な認識における女性と見なされることと考えられるでしょう（トランス女性を含む意図があると思われるのですが、「トランス女性を包摂しきれていない」として、キャスリン・ジェンキンズはさらに改良した「女性」概念の提案もおこなっています[※4]）。続く「従属的地位を占める人々」とは、特権を持つ人々より抑圧されている人々のことを示します。

この定義を用いることに、どのような意味があるのでしょうか。この定義によるところの「女性」と言ったとき、それは一般的な認識における女性と見なされることで社会的な抑圧を受けている人々を指し示すことになります。例えば、女性であることによる社会的な抑圧の問題を話しているときに、「女性の中にも抑圧を受けていない人がいるはずだ。女性の社会的地位が低いのは、社会の問題でなく個人の問題なのではないか」と、論点をすり替えるような批判を排除しやすくなるでしょう。また、フェミニズム運動において、「女性」という言葉のもと、社会的な抑圧を受けているものとして、連帯しやすくなることが考えられます。

少し気になるのは、この定義に則して考えると、一般的な認識における女性で従属的な地位にいない人、例えばエリザベス2世のような人物は女性に含まれないことになるのかもしれません。そのことに対してハスランガーは次のように説明しています。

実のところ、私は、女性である人がもはや存在しない日がくることこそフェミニズムのプロジェクトの一部であると考えている※5（もちろんこれは、女たちを始末していこうという意味ではない！）。

『分析フェミニズム基本論文集』31、32ページより引用もしかしたら、この思い切った考え方に戸惑いを感じるかもしれません。しかし、性別に基づく不平等や不正をなくそうとするフェミニズムの運動においては、ジェンダーが捉えるところの「女性」が存在しなくなることは、男女間の社会的地位の差がなくなることとも表現できます。それは、フェミニズム運動の終着地点とも言えるでしょう。

ハスランガーは、このように目的にあわせて概念の定義を改訂していくことに対して「『ジェンダーとは本当は何であるのか』あるいは『人種とは本当は何であるのか』ということに頭を悩ますよりも、私たちはジェンダーや人種が（理論的にも、政治的にも）どんなものであってほしいのか、という問いから出発すべきだと私は考えている」とコメントをしています。

補足として、この事例のように既存の用語の定義を改訂することは社会に大きな影響を与える一方、混乱を生む可能性が考えられます。その際に、別の用語を新しく用意することをハスランガーは肯定しています。

## 意識的に概念を工学すること

ここまで概念工学の事例を三つ紹介してきました。概念を工学するとは、どのようなことなのか感覚がつかめてきたかと思うのですが、一方で、私達の身の回りで日々新しい概念が生まれ、改訂されていることが気になるかもしれません。

例えば、テクノロジーの世界において、好みのアプリケーションをインストールできる、タッチディスプレイとカメラ、センサーを備えた「携帯電話」は、「スマートフォン」という新しい概念で定着しています。テクノロジーに関連した概念以外の例を挙げると、先日、私は「座って食べられる立ち食い蕎麦」と書かれた看板を掲げている店を見かけたのですが、その店は「立ち食い蕎麦」ないし「立ち食い」という概念に対して挑戦的な改変を挑んでいるとも言えそうです。おそらく、ここでの「立ち食い」概念が意味するものは、「立って食べる」から、「立って食べることもできる」、もしくは「安くて早い」くらいの内容に変えられている印象があります。

はたして、これらの概念も概念工学による産物と捉えることができるのでしょうか。実際の開発プロセス次第ではあるのですが、もし最初に技術やものがつくられ、それを言い表す概念が後から考案されたのであれば、「立ち食い」や「スマートフォン」などの事例は概念工学というより、一般的な工学の副産物として生まれた概念であると、ここでは捉えてみたいと思います。というのは、工学とは意図的になされるものだからです。それでは、意識的に概念に注目し、工学しようとする概念工学に、どのような価値があるのでしょうか。振り返りながら考えてみましょう。

まず、概念工学をおこなうことの利点として、目に見える形で存在していない形而上のものを言い表す概念――例で言うと、「健康」、「川の権利」、ジェンダーが捉える「女性」――をうまく扱えることが挙げられるでしょう。概念工学では、それらの抽象的な概念がどういうものであるか分析し、そこに含まれる課題や価値を見出し、よりよい定義を考えていくことができます。

このような目に見えない抽象的な概念を捉え直したり、新しく考えることは、例で示したように、社会の枠組みや制度を変えていく上で、とても有効です。また、そのような社会的な試みは、具体的に見えるもの――形而下のもの――を工学するだけでは難しいところがあります。例えばジェンダーに対する議論がなければ、オールジェンダートイレという発想を生むのは難しいでしょう。そのように考えると、概念工学は形而上のものだけでなく、形而下のものを工学する際にも、ヒントを与えてくれると期待できそうです。

## 概念工学をおこなうときに考えるべき倫理的なこと

最後に、概念工学をおこなうときに配慮すべき倫理的な問題について考えてみたいと思います。一般的に工学といえば、技術的な課題だけでなく、安全性をはじめ、環境への影響、アクセシビリティ、プライバシーなど倫理的な課題についても議論される印象があると思います。同じように、概念工学においても——それが工学であるがゆえ——倫理的な課題が存在します。

注意したいのは、概念工学という手法自体に、結果を規範的・倫理的なものにする仕組みがあるわけではないということです。そのため、工学によって人類が様々なものを発明してきたのと同じように、よいものを生み出すこともあれば、とんだ災厄を招くこともあります。例えば、実際にアメリカの対テロ戦争で行われ、大きな問題となった概念「ウォーターボーティング（水責め）」については「水責めは拷問でなく、強化尋問の手段である」と工学され、深刻な倫理的問題を引き起こしました。[※6] そのような、いい結果も、悪い結果ももたらす可能性のある概念工学をおこなうとき、その規範性や倫理面をどのように考えていけばいいのでしょうか。[※7]

まず言えるのは、工学された概念を評価するとき、その概念が流通した際に何らかの問題が生じないか、検討する必要があるということでしょう。また、例で示した「女性」や「健康」、「河川」の概念工学は、そもそもの目的が、それぞれの概念が抱える倫理的な問題に対して規範を与えようとするものでもありました。

続いて、概念工学をおこなう主体に、はたして工学する資格があるのか考える必要もあります。例を挙げると、抑圧されている人々の声を聞かずに、差別にまつわる概念を工学することは当事者を疎外することになってしまうでしょう。また、黒人文化である「ヒップホップ」という概念を、黒人以外の人の手で工学してしまうと、文化的盗用になる可能性があります。

このように、概念工学をおこなう時点で考慮すべきことがあるのですが、一方で工学には、どんなに事前に検討を重ねようとも、実際に運用してみてはじめてその効果が――良さや、悪さが――分かるという側面があります。むしろ、運用してはじめて分かることの方が多いのかもしれません。例えば、広告で新しい概念を提案したところ――十分に検討したと思っていたにもかかわらず――予期せぬ社会的な批判を受け、結果的に謝罪を要求されることになったという光景を目にしたことはないでしょうか。

この問題を考えているうちに行き当たるのは、「そもそも概念を工学するのはよいことなのか」という問いです。概念には確固たる定義があり、それを変えたり、似ているが意味の違う概念を新しく流布することは社会に混乱を招くことになるのではないか。

そのような批判に対しては、次のような応答が可能です。まず、今利用されている概念に問題があれば、それを修正しないことにはその問題は取り除かれないということが挙げられます。また社会環境が変わっていく中で、これまで問題なく使っていた概念に悪さが生まれてくることもあります。概念工学は、このような課題に対して解決手段を提供するものです。また、新しい概念を提案することで、よりよい未来の可能性が見つかることもあるでしょう。

大事なのは、社会が変わり続ける限り、私達が意識せずとも概念は変化していくということです。その中で必要なのは、概念がどのように、誰の手によって変化させられているのか見極め、社会に与える影響を理解しようとすること、そして、その概念の善し悪しを判断できるよう知識を身につけ考えていく姿勢と言えるでしょう。それは例えば、ある政治家が差別用語として捉えられる概念を口にしてしまい、抗議に対して「この言葉は差別用語とは言えない」と閣議決定するような事態があったとき、私達が不当な概念工学であると認識し、批難の声を挙げていくといった話につながっていきます。

※1　概念工学研究の中心的人物である言語哲学者ハーマン・カッペレンは、概念工学を「われわれの表象手段を評価し改良する批判的かつ構成的な試み」と定義しています（翻訳は『〈概念工学〉宣言！』より引用）。一方、日本国内で同時期に偶然にも概念工学という言葉を考案した戸田山は、概念工学を「哲学を工学の一種として位置づけようとする哲学観」としています。カペレンは、哲学においてすでにおこなわれている概念工学的な試みを、概念工学という名のもとに包括的理論をつくることを目的とするのに対し、戸田山は概念改訂すなわち「概念づくり」と工学の「モノづくり」の共通点に着目し、さらにその両輪でもってより幸せな社会の設計をおこなうことを主張しています。カッペレンと戸田山の間には、概念工学に対する姿勢の違いがありますが、「《われわれの概念》（＝表象手段）を評価し改良する批判的かつ構成的な試み」という概念工学の大雑把な特徴づけは共有されていると、戸田山は主張しています。なお、本書における概念工学に対する姿勢は、戸田山と近いものです。
参照：戸田山和久、唐沢かおり編『〈概念工学〉宣言！』

※2　概念工学についての哲学的な議論は『Conceptual Engineering and Conceptual Ethics』に詳しく書かれています。また、海外における文脈とは別に、同時期に国内においても概念工学についての検討がなされ、その様子は『〈概念工学〉宣言！』で見ることができます。

※3　サリー・ハスランガーはアメリカの哲学者。形而上学、認識論、言語哲学を主な専門とし、フェミニスト理論をはじめ概念工学についても重要な論文を書いています。

※4　キャスリン・ジェンキンス「改良して包摂する」（２０１６）はハスランガーの論文に対する代表的な批判論文のひとつですが、ハスランガーの論文と合わせて読むことで、ハスランガーの論文を理解しやすくもなります。どちらも『分析フェミニズム基本論文集』に収録されているので、興味のある方はぜひ手に取ることをおすすめします。

※5　原文において、ハスランガーは〝female / male〟をセックスの分類を表す語として、〝woman / man〟をジェンダーの分類を表す語として使い分けているのですが、翻訳では該当する日本語がないため、女／男（female / male）、女性／男性（woman / man）という言葉をそれぞれ割り当てているという翻訳者の補足を追記します。

※6　参照：ＢＢＣ〝「強化尋問」を考案の心理学者が証言　米同時攻撃、公判前審問〟
https://www.bbc.com/japanese/51201929

※7　哲学研究の場においては、概念工学とともに概念倫理学という枠組みからも議論が行われています。

## 概念工学ワークショップのレシピ

ここまで概念工学の大枠と、過去の実践例を紹介してきました。さて、それでは実際に自分で概念を工学しようとする場合、どのようにしたらよいのでしょうか。

おそらく概念工学を実践するには、それが工学であるがゆえ、――壁に穴を開ける手段を無数に考えられるように――様々な方法が考えられるでしょう。これまでに、ｎｅｗＱでは雑誌で特集を企画したり、デザインプロジェクトの中でワークショップを開催したりするなど、試行錯誤しながら概念工学の方法を考えてきました。

ここで紹介するレシピは、概念工学のプロセスに哲学対話の手法を取り入れたものです。概念工学の流れは後ほど説明するのですが、工学したい対象を見つけ、分析をおこなったり、工学した概念の評価をしたりする際には、哲学対話の手法で議論を進めます。したがって、実際にワークショップを企画する場合は、「問いを立てるワークショップ」や哲学対話の経験を積むことをおすすめします。一方、実際に概念を工学するときは、対話で議論を進めるというよりは、自由に発想していくアイデア会議の形式を採用しています。突拍子もないような思いつきでも、まずは提案してみるような態度で、なるべく多くの可能性を考えてみましょう。

概念工学は、「問いを立てるワークショップ」にくらべてプロセスが複雑なところや、各ステップでおこなう作業が抽象的なところがあります。内容をイメージしづらい場合は、まず先に「概念工学ワークショップの実践」を読んで雰囲気をつかんでみるのもよいでしょう。それでは、レシピを紹介します。

所要時間：150分
参加人数：5〜10人
準備するもの：ペン、ワークシート

概念工学ワークショップは、組織やプロジェクトにおける重要な概念について、みんなで考える場を開くことができます。例えば人事部門では「成長」、まちづくりのプロジェクトでは「余白」（街には公園やちょっとしたフリースペースがほしいものです）、様々な支援を行うNPOでは「寄付」、などの概念を考えていくことができるでしょう。

これらの概念は、組織の理念や、マネジメントの指標に使われたり、新規事業のキーワードに選ばれたりするなど、仕事の中で重要な役割を持つ言葉になることがあります。このような重要な概念について、それが何であり、どのようなものであるとよいか集まって考える機会は、実はなかなかありません。そのため、概念工学ワークショップを開くことで、そのような場をつくることはとても有意義なことと言えるでしょう。

さて、実際に何か課題を感じて概念工学をしようと思い立ったものの、ときに「そもそも、どのような概念を工学すべきか分からない」と感じることがしばしばあります。というのは、工学したい概念がいつも明確であるというわけではないからです。大抵は何らかのテーマに対して、漠然と気になることがあったり、なんとなく違和感を感じたりすることがあるような状態です。そのため、このレシピでは、まず最初に問いを立てながら、うまく扱えるようになるといい言葉や、新しい言葉で言い表せるようになるといい事象を探ることから出発し、概念工学を行っていきます。

　全体の流れを次のフローチャートに示します。それぞれのステップについて、このあと順番に説明をおこないます。

### 概念工学ワークショップの進め方

**導入**
- 概念工学の説明

↓

**ステップ1 問いの探索**
- テーマに対して、日常的な経験の中にあるモヤモヤや、興味・関心を共有し概念工学の動機を見つける

↓

- 問いを立て、対話をしながら概念工学の方針を決める

↓

**ステップ2 概念分析**
- 鍵になっている概念や事象を見つけ、概念工学の対象とする

↓

- 対象となる概念や事象を分析し、工学の切り口を探す

↓

**ステップ3 概念工学**
- 概念を工学し、結果を共有する

↓

**ステップ4 概念の評価**
- 工学した概念を評価する

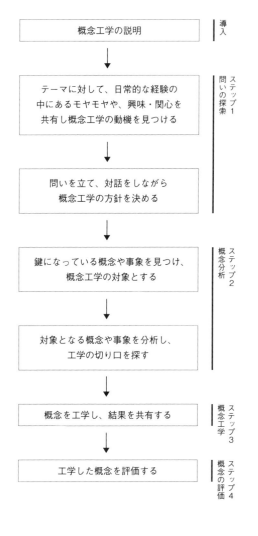

**導入：概念工学の説明（20分）**

まず最初に、用語や事例を紹介しながら概念工学の説明をおこないます。本書における「概念」の定義は次のとおり。

**概念**：私達が物事を認識するためのツール（例：「本」「貨幣」「希望」「無限」）

アイスブレイクとして、簡単な質問をおこなうのもよいでしょう。
質問：形の**ある**具体的なものを指す概念を挙げてください。（例：「本」「貨幣」）
質問：形の**ない**抽象的なものを指す概念を挙げてください。（例：「希望」「無限」）
質問：最近生まれた、新しい概念を挙げてください。
（例：「マイクロペイメント」「キャンセルカルチャー」）
質問：昔とくらべて、意味が変わってきた概念を挙げてください。
（例：「携帯電話」「ジェンダー」）

概念には、すでに言葉が与えられている場合もあれば、まだそのことを言い表す言葉が存在していない場合もあります。どちらのケースにおいても、その内実を明らかにし、うまく表現する言葉を与えることが概念工学において重要です。

続いて、概念工学の説明をします。本書における概念工学の定義は次の通り。

**概念工学**：概念を分析し評価をおこないながら改良、もしくは新しく発明することで、人々の要望に応えたり、社会にある課題を解決したり、新しい価値の可能性を見出していく営み。

具体例として、本書で紹介した事例を紹介するのもよいでしょう。重要なのは「概念は、私たちの手によってつくり変えていくことができる（し、実際にすでにやっている）」ということです。その中で、概念工学をおこなう意義とは、まだ言葉がないためにうまく扱えない事象を捉え、問題の原因となっている言葉や、その定義を問い直すことです。

## ステップ1：問いの探索（目安時間：30分）

概念工学をおこなう際、工学すべき概念が常に明確であるとは限りません。何か問題が生じていても、どの概念が悪さをしているのか気づけなかったり、問題を解決するためにどのような概念について考えればよいのか分からなかったりするときがあります。

そのため、最初のステップでは問いを立てるワークショップの要領で、テーマにしたい事柄に対して日頃感じているモヤモヤとしたものや、違和感、気になっていることについて、問いを立てるところから始めます。そして、問いをもとに議論しながら、その背後に隠れている課題や実現したい目標を見つけましょう。ここで捉えた課題や目標が、後ほどの概念工学の指針になるので、覚えておきます。

さらに、話の中で出てきた重要そうな概念、特に「うまく使えていない言葉」や「既存の言葉では言い表せない物事」を概念工学の対象として挙げていきます。対話が一段落したら、挙げられた概念の中から、工学したいものを一つ選びましょう。すでに言葉があるもののでも、まだそれを言い表す言葉が存在しないものでも構いません。
※すでに工学したい概念が決まっている場合、このステップは飛ばして次のステップから始めます。

〈最初の質問〉

テーマにしたい事柄に対して、日頃感じているモヤモヤや違和感、気になっていることはあるでしょうか。なぜそのように思うのか、理由も考えてみてください。また、その話の中で出てきた重要そうな概念、特に「うまく使えていない言葉」や「既存の言葉では言い表せない物事」を書き出し、工学する概念を一つ選びましょう。

〈議論の例〉

問い：社員のプライベートな時間での自己研鑽を、会社は当然のものと求めてよいのだろうか？
工学したい概念：「成長」
問い：特定の場所や建物がいいのではなく、全体として「何かいい感じがする」と思わせる雰囲気が漂っている街があるが、あの感じは何なのだろう？
工学したい概念：「いい感じの街だと感じさせる全体的な雰囲気」

## ステップ2：概念分析（目安時間：45分）

このステップでは対話をとおして、工学したい概念が実際どのように使われているのかを明らかにしていきます。すでに言葉が存在している概念を工学する場合は、辞書的な定義や日常的な使用例を確認しながら、その言葉の使いづらさがどのようなところにあるのか考えていきましょう。

もし、まだ言い表す言葉が存在していない概念を工学する場合は、まずは当の事象がどのようなものであるかを明確にしてから、言い表す言葉がまだ存在しないことで生じる問題や、つくり出すことの意義を考えていきましょう。また、そのことを説明するときによく使う言葉や、近しい事象を表す言葉を探すこともヒントになるので、探していきます。

以下に、概念を分析するときにヒントとなる問いかけを挙げます。分析をとおして見えてきた概念の使いづらさや課題を解消するために、その概念が「どうあるべきか」、「どういうものであるとよいか」を意識すると、工学の方針を見つけやすくなります。

〈関連する概念を探す問い〉
「似ている概念はあるか」
「反対の概念はあるか」
「よく一緒に使われる概念はあるか」

〈概念がもたらす影響を明らかにする問い〉
「その概念によって何が起きるのか」
「その概念に使いづらいところはないか」

〈概念の意味を明確にする問い〉
「その概念から切り離すことのできない要素はないか」

「その概念が本来の意味とは別に表現していることはないか」

〈概念の日常的な使用を探る問い〉

「実際にどのような場面で使われているか」
「その概念が誤って使われることはないか」
「他の分野ではどのように使われているか」

〈概念の系譜を掘り下げる問い〉

「他の時代や文化で、別の使われ方をしていないか」
「その概念は、どのように生まれ、どのように変わってきたのか」

〈問いの例〉

「仕事における『成長』と、学校教育における『成長』はどのように違うか？」
「普段、いいと感じる街の雰囲気をどのように表現しているか？」

## ステップ3：概念工学（目安時間：30分）

ステップ2でおこなった分析によって、概念についての理解が深まり、課題が分かってきたところで、実際に概念を工学していきます。先にも書いた通り、ここでは自由な発想でアイデアを考えていきます。

工学には、大きく分けて三つの方向性があります。

〈言葉はそのままに、定義を変える〉

広すぎる定義を狭めたり、狭すぎる定義を広げたりすることで、概念を使いやすくします。

〈言葉を変えて、定義はそのままにする〉

悪いイメージがあったり、誤った意味で流通してしまったりしている言葉について、別の言葉を与えることで、使いやすくします。

〈新しい言葉と定義をつくる〉

まだそれを言い表す言葉がない事象について、言葉を与え、意味を定義することで新たに使えるようにします。

思いついた内容をワークシートに記入していきましょう。それぞれ発表をおこない、感想を述べ合います。

〈ワークシート〉

言葉

定義

工学のポイント

期待できる効果

## ステップ4：概念の評価（目安時間：15分）

最後に、おこなった概念工学について評価をします。工学した概念によってどのような効果が得られるのか、逆に新たに問題が生じないか考えていきましょう。実際のところ、工学された概念は実際に使ってみないことには、その効果と問題が分からないときがあります。実際に概念を使用し、結果を振り返りながら工学を続けていく方法も考えられるのですが、ここでは一旦議論の中で想定される効果と、考えられる課題を明確化します。


〈概念工学の評価に役立つ問い〉

「概念の大きさは適切か」

「概念の定義は分かりやすいか。誤解を生んだり、誤って利用される可能性はないか」

「その概念が流通することで、どのような変化が起こり得るか」

「概念の名称は分かりやすいか」

## 補足

概念の分析をおこなう際は、その場の意見や辞書的な定義を参照するだけではなく、専門書や研究論文をもとにリサーチしたり、実際に概念が使われている現場を観察することも重要です。扱う概念によっては、工学をおこなう前にリサーチ作業を挟むなど、柔軟に進め方を変えていくとよいでしょう（参考までに、ｎｅｗＱではワークショップをおこなう前にリサーチを実施し、勉強会を開催することもよくあります）。また、概念の評価もワークショップの中でおこなうだけでなく、実際にその概念を使ったロールプレイをしたり、一般に向けてアンケートを取ってみるなど、様々な手法が考えられます。

繰り返しになりますが、概念工学に決められた進め方はありません。考えたいことをうまく考えるために、扱いたいことをうまく扱えるように、概念の改良や発明をすることができれば、手法は構いません。扱うテーマや工学したいと思う概念、参加者の関心などにあわせて柔軟にワークショップをつくっていきましょう。

# 概念工学ワークショップの実践：テーマ「デザイン」

ここでは、実際におこなった概念工学ワークショップの様子（本書に掲載用として、２０２３年の12月にオンライン開催）を紹介します。ファシリテーションの進め方や、概念を工学する過程の参考になればと思います。

**参加メンバー**
鈴木 佐知子さん：デザイナー
秋山 福生さん：デザイナー
塙 花梨さん：編集者
瀬尾 浩二郎：この本の著者
（ファシリテーター）今井 祐里さん

**瀬尾**　お忙しい中、ワークショップへのご参加ありがとうございます。今日はデザイナーの皆さんに集まっていただいたので、「デザイン」にまつわる概念を工学してみたいと思います。それでは今井さん、本日も進行をお願いします。

**今井**　私達は普段から様々な概念を使って対話したり、思考したりしています。前回は「言語化」をテーマに問いを立てるワークショップをおこないましたが、私達は言語、非言語にかかわらず、日々色んな概念を扱っていますよね。

その概念を道具のように捉えて、使いやすいように工学することで、課題を指摘できるようにしたり、社会における不正義を正したり、今まで考えられなかったことを考えられるようにしたりすることを目指すのが概念工学です。「工学」なので、解決したい課題や実現したい目標が先にあって、そのために概念を改良したりつくり直したりします。例えば、若者だけでなく中高年にも流行する店をつくるために「クレープ」の概念を工学してみようとか、職場の働き方を改善するために「残業」の概念を工学してみようといったことが工学の動機になります。

お題が決められていると考えやすいのですが、課題を見つけるのもデザイナーの仕事だと思うので、今回は自分たちで見つけるところから始めたいと思います。まずは、「デザイン」にまつわる様々な概念について、考えてみたいことを共有し合いながら、課題や目標を明らかにして、工学したい概念を見つけていきましょう。

〈省略 ※ワークショップ全体の流れを説明〉

## STEP1
## 問いの探索

**今井**　デザインやものづくりをおこなう中で、モヤモヤすることや、うまく言い表せないけれど感じていることはあるでしょうか？「この言葉が気になる」というのがあればそれでいいですし、まだ名前がついていない感覚的なことでも構いません。漠然と考えてみたいことや、悩みのようなものでも大丈夫です。3分ほど時間を取るので、各自書き出してみてください。

（3分経過）

それでは、皆さんが書いた内容を見ていきたいと思います。まずは瀬尾さん。

> なぜそのアイデアがいいのか、なぜ完成したと言えるのか、説明が難しいときがある。

**瀬尾**　はい。良し悪しの判断を説明するのが難しいと時々感じます。経験と勘による「こっちの方がよいと思う」といった判断を、もう少しうまく説明できるようになりたいですね。論理立ててアイデアの良し悪しを説明できるときもあるけれど、例えば「このあたりからリサーチすると面白そうだ」とか、「まずは何か手を動かしてみると答えが見つかりそうだ」といったように、手がかりがまだ何もない状態で探索するときの理由の説明が難しくて、「なぜそうする必要があるのか」とか「本当に答えが見つかる根拠は」と聞かれると、言葉に詰まってしまうんですよね。

「これまでの経験と勘から」という言い方以外に、もう少し説得力のあるものが欲しいと思いました。例えば、あるアイデアをいいと感じるときは、そのアイデアによっていいものが生まれる様子をイメージしているんですけれど、それをうまく言葉で説明しづらい。あとは、何をもって完成したと言えるのか、なぜそれで十分であると言えるかということにも悩みます。

感覚を共有している相手とのコミュニケーションでは問題にならないのですが、その感覚を共有できない人と話すときに困ることが多いです。

**今井**　ありがとうございます。次は塙さん。

何をもってして「OK」とするかの判断に迷う

**塙**　瀬尾さんの話に結構似ていて、私もどこでOKとするかの判断に悩みます。編集の仕事だと、企画に始まり、執筆の依頼、原稿の校正、さらにゲラに落としてからの確認と、本が完成するまで様々なフローがあるんです。それぞれの工程ごとの確認や、校了するときの判断が難しい。ある人の基準ではOKでも、別の人の基準では「一旦立ち戻って一個前の手順をもう一回やった方がいい」ということもある。正直なところ、編集者のこだわりが多くて、OKとする判断が人によって全然違うんです。

**秋山**　迷わずに「これでOKだ」と思える瞬間はあるんでしょうか？

**塙**　あるんですけれど、最後は「エイヤ！」と決めることが多いですね。分かりやすい例を挙げると、書籍はどんなに繰り返しチェックしても誤植が残ってしまうことがあるんです。それをどこで良しとするか、最後の方はただ不安になって確認しているんですけれど、締め切りまでの時間との戦いの中、「もうこれでいいか」と出す感じなんです。正直、「もう絶対に大丈夫」という安心感を持って出せている人はあんまりいないんじゃないかなと思います。

**今井**　ありがとうございます。次は秋山さん。

デザインを考える相手を身近に表す言葉が見つからない。

**秋山**　デザインをするときに、何のためのデザインなのか、誰のためのデザインなのか、本音と建前を使い分けているような気がするんです。最初にペルソナを立てて[※1]、そのペルソナに向けてデザインをするけれど、それとは別に、もっと身近な人のためのデザインだったり、自分のためにデザインをしていることがあるような気がします。もしくは、本当はもっと社会のためにとか、環境のためにデザインしなきゃいけないのだろうけど、それをうまく考えられない。デザインするときに「この人のために」と思えるユーザー像は、思ったよりもっと身近に感じられる必要があるような気がしていて、そ

※1　デザイン思考における「ペルソナ」を指しています。「ペルソナ」がどのようなものか、定義と具体例を下に示します。

**「ペルソナ」の定義**

〃ペルソナとは、顧客またはユーザーグループ、市場セグメント、従業員のサブセット、その他ステークホルダーのグループなど、特定の人々の人物像のことだ。ステレオタイプではない、実際のリサーチをベースにした典型的な人物像である。〃

「This is Service Design Doing サービスデザインの実践」より引用

〈例　哲学に関心を持ったデザイナーのペルソナ〉
名前：清塚哲子さん
年齢：32才
性別：女性
職業：デザイナー
家族構成：夫と二人暮らし
象徴的な発言：「職場の同僚や友人との会話で、哲学を話題にするのが難しい」
簡単な人物像：デザイナーとして事業会社に8年勤務した後に、フリーランスのデザイナーとして独立。公共サービスのデザインをする際に、社会哲学の本を読んだことから哲学に関心を持つようになった。人と話をするのが好きで、ワークショップではファシリテーションを担当することも。休日はカフェでの読書や、夫と釣りに行ったり映画を観たりして過ごす。

れはペルソナとも違う気がするのですが、そういうことを言い表す言葉が欲しいですね。

**瀬尾**　「誰のために」という視点は、すごく共感しますね。

**秋山**　よく「それは目的だよ」とか「それは手段だよ」と言うけれど、それを誰がどのように使うのかによって、手段と言えば手段だし、目的と言えば目的でもあるみたいなことが起きます。僕の身近な例で言うと、カメラをデザインすることもあるんですけど、「カメラなんて思い出を残すための手段だから、形は何でもいい」という人もいれば、カメラがとても好きな人にとっては「いやいや、その思い出を残す手段が、こだわりを持ったカメラじゃないといけないんだよ」と、人によって全然捉え方が違うことがあったりと

か。

**今井**　続いて、鈴木さんお願いします。

> リサーチをしても確かなことが最後まで分からない。でも、なんとか糸口を決めている。

**鈴木**　はい。案件ごとに、そのプロジェクトならではの進め方を考えて対応しているのですが、プロセスがいつも手探りなんですよね。手探りの状況をチームと共有しながらプロジェクトを進めるのですが、リサーチをしても確かなことが分からない状況の中でも、進める方向や考える糸口をみんなで意志決定している。答えに近づいている感触があって、勢いがついているときはいいんですけど、そうなるまですごくハラハラしてしまって（笑）。

**今井**　確かに、本当にちゃんと着地できるのか、プロジェクトの途中でハラハラする気持ちは分かります（笑）。

**塙**　大人数ではないのですが、私も編集を進めるときに同じようなことを感じますね。

**今井**　みなさんの関心が出揃いましたね。

**瀬尾**　「完成の分からなさ」や、「制作における不確かな状態の不安」といったものを取り除ける概念を工学

すると面白いかもしれないですね。でも自分は、秋山さんがおっしゃった「デザインを考えるために想定したい他者」の概念がとても気になりました。確かに「ペルソナ」という概念がすでにありますが、でもそれでは考えられないものがあるということですよね。それこそ社会や環境といった個人より大きなものまで考えられるようになる何かというか。

**塙**　私も同感です。本の企画書をつくるとき、書式に「読者」という欄があって、そこに想定読者を書くのですが、いまひとつピンとこないときがあるんです。想定読者をどのように設定すればいいのか、うまく考えられるようになる概念があると役に立つ気がします。

**鈴木**　私もデザインする上で、似たようなことを課題に感じることがあります。

**今井**　「デザインを考えるために想定したい他者」の概念を工学することは、良し悪しの判断や、完成の基準、あるいはプロセスの確かさといったものを定めることにも役立つような気がしますね。

**瀬尾**　確かに、ものをつくりながら「これがいい」と判断できるのは、そういう他者をうまくイメージできているときかもしれません。

**塙**　あぁ、分かります。

**今井**　それでは、「想定することでよいデザインをおこなうことができるようになる、他者の概念」を工学してみましょうか。近しい概念としては「ペルソナ」がすでに流通していて、実際に私たちも使用していますが、これでは捉えきれない要素があるように感じるということでしたね。「ペルソナ」概念の分析をとおして私達にとっての課題を見つけ、「ペルソナ」概念自体を改良的に工学していくか、あるいは一足飛びに「想定することでよいデザインをおこなうことができるようになる、他者の概念」を「概念X」として仮置きして、新たにその輪郭を明らかにしていくか、対話を進めながら方針を定めていきましょう。

## STEP2　概念を分析する

**今井**　今回は一旦、「概念X」で言い表したいことは何なのか、その内実を分析していくところから進めてみたいと思います。皆さんがデザインをしたり、ものづくりをしたりするときには、そのデザインやものを受け取る様々な相手を想定しているかと思います。「ペルソナ」の他に、そういった他者を表す言葉はありますか？　例えば、先ほどの塙さんのお話では「想定読者」というのがありましたね。この「概念X」の周辺にどんな概念があるのか、少し遠くても構いませんので、挙げていってみましょうか。

**塙**　「顧客」とかですかね。

**秋山**　「ユーザー」や「カスタマー」というのもありますよね。あと、マーケティング用語で「ターゲットセグメント」とか。

**瀬尾**　急にビジネス感が出てきましたね（笑）。

**鈴木**　あと、ただ「対象」とか。

**今井**　ちょっと変わり種かもしれませんが、ファンとかも言いますよね。「この人をファンにしたい」といったように。

**瀬尾**　人間中心デザインという文脈での、「人間」というのはどうでしょうか。ユーザーを人間という言葉で広く取ることで、実際にサービスを利用しない人も対象に含めることがあると思います。例えば、環境の負荷が低いことで人類全体にやさしいといったように。

**秋山**　それでいうと、「ステークホルダー」みたいな言い方もありますよね。

**塙**　あと、潜在顧客。

**今井**　当初の秋山さんの課題は、デザインをするときに、社会や環境のことまでも考慮に入れられるような、それでいて「この人のために」と思えるもっと身近なユーザー像を今は描けていないのではないか、ということでしたね。今挙げられた概念たちでは、やはり難しいでしょうか？

**塙**　思ったよりビジネスっぽいですよね。マーケティングの打ち合わせみたいな。

**秋山**　どれも人間の集合を言い表していて、その中にいるのがどういう人なのか、よく分からない表現ですよね。

**今井**　「ペルソナ」という概念は、今挙げられたような集合的な概念に対して、その中にいる具体的な個人を思い描くために導入されたものですよね。にもかかわらず、いま巷で使われている「ペルソナ」という概念でも、うまく考えられない部分がある。今度は「概念X」に続いて、「ペルソナ」という概念を普段どんなふうに使っているのか、どこに使いづらさがあるのか、確認してみませんか？

**瀬尾**　そうですね。他のマーケティング的な用語とは違って、一旦ビジネス的な観点から離れてデザインするための言葉として登場してきた経緯があると思います。いわゆる「ターゲット」とか「グループ」とか、人の趣向や属性を数字で扱うための言葉とは違い、具体的な個人をシミュレーションすることを目的にしている。「ペルソナ」として描かれた人が、このサービスを使うときに何を感じるのだろうかとか、この商品にどのように関心を持つのだろうかと、日常の感覚で捉えるための対象として立ててますよね。

**秋山**　とはいえ、自分の身の回りでは「ペルソナを想定して料理をつくれない」という言葉をよく聞くんです。

**塙**　確かに。

**瀬尾**　それ、すごく分かります。

**秋山**　そこがとても不思議なんです。例えば、食品メーカーで「仕事で忙しいときにも、ぱっと食べられるお菓子」というふうに商品を企画したりすると思うんです。でも、それは料理自体というよりは、売り方やパッケージの話をしていることになる気がするんですよね。

**塙**　形とか包装の仕方とか。確かに味ではないですね。

**瀬尾**　いわゆる日常的な料理をつくれないという感じでしょうか？　最近、揚げ物が続いたので今日はさっぱりしたものにしようといったことができない。

**今井**　でも、町の居酒屋は何らかの「ペルソナ」を想定している気がしますよね。うちは若者が多いので、味付けが濃い目だとか。

**鈴木**　最近の私の仕事だと、実は「ペルソナ」を全然使わないんですよ。例えば、Z世代やシニアといった、自分とは違う属性の人達が何を求めているかリサーチするときに、昔だと例えば世代といったもので、ある程度どんな人か想像できた気がするんです。でも、今はシニアでもアイドルを熱烈に応援していたり、若い人が渋い趣味を持っていたり、年代や属性による垣根がなくなっていますよね。結局、年齢や性別といったデモグラフィックな分け方ではなく、その人が持つ目的で分類することが多い。

**今井**　そのときに「ペルソナ」と言わずに、どのように表現しているんでしょうか。

**鈴木**　「グループ」と呼んでいる気がします。

**塙**　近い話で、先ほど話した本の企画書において、想定読者という項目の下に「顧客の価値」という欄があって、そこに書かれていることが企画会議でとてもよく議論されるんです。「この本の価値は、本当にこれで合っているのか」と。何だろう、想定読者やペルソナの先にある、その人が価値と感じられることがどこにあるのかということを話しているような気がしてきました。

**鈴木**　少し気になったのですが、「ペルソナ」は共通認識をみんなで持つためのツールであって、最終的な着地点、例えば「顧客にとっての価値」を定義するものではないですよね。

**塙**　そうですね。「想定読者」と同じで、ユーザー像を共有することで、書かれた内容を評価するときに、つくり手の目線を揃えるためにあるイメージです。

**今井**　一旦、ここまでの議論を整理しましょう。まず、「ペルソナ」という概念は「つくり手の目線を揃えるツールである」というのは重要な視点ですね。何のためにペルソナを立てるかというと、「デザインやものづくりをおこなうつくり手の間で、そのサービスやプロダクトを届ける相手についての共通理解をつくるため」であるということです。もう一つ、属性ではなく、具体的な個人を想像するために導入されたはずであるということでした。いわゆる「セグメント」とか「ターゲット層」といった言葉より、もう少し人間的なものを指向しようとしてるわけですよね。

一方で、使いづらさもある。この使いづらさについて、もっと深く考えてみたいですね。秋山さんの言葉を借りれば、それを想定することで料理をつくれるようになる「概念X」とは何なのか、「ペルソナ」概念の使いづらさから遡って考えられないでしょうか。

**秋山**　そうですね。「ペルソナ」は本来、あくまでつくり手の意識をあわせるためのコミュニケーションツールであったはずなのに、もっと広い意味で扱われたり、もはや違うものとして使われたりしてしまっていることに対する危惧もあります。概念工学として、「ペルソナ」という概念が本来やろうとしてることにあわせて定義を再考する方向性もあると思うのですが、新しい「概念X」、すなわち「料理をつくるためのペルソナ」概念を考えてみるのも面白い気がします。

**瀬尾**　本来の「ペルソナ」概念では、実は料理をつくれたかもしれないんですよね。「ペルソナ」として立てられた人を実在の人として想像し、その人ならではの判断や経験をもとに、何があるといいかつくり手がイメージすることができるので。

一方で、ペルソナを立てるために適切なリサーチができなかったり、イメージの共有がうまくいかなかったりすることで、表現が適切か分からないのですが、「表面的なマーケティングの道具」になってしまっているところもあるのではないかということですよね。

**塙**　不特定多数に届けることを意識しすぎると、かえって本当に届けたい相手の姿が見えなくなることってありますよね。「ペルソナ」概念ができたときは、もっと具体的なパーソナリティの部分まで想定して考えようとしていたけれど、だんだんと型にはめたような、ただの情報の寄せ集めのような存在になってしまった。実際の人間はもっと多面的なのに「こんな感じの人いるよね」と安易に想像してしまうというか。

**秋山**　例えば、自分をペルソナにするのって難しい気がするんですよ。はたして、自分を「ペルソナ」として表現することができるのか。

**瀬尾**　ペルソナをうまく扱いきれないのは、人間が実は社会的な属性とやってることがでたらめに見えるからかもしれないですね。例えば、お金持ちだけどマクドナルドのハンバーガーが大好きみたいな。多面的な要素を持った一人の人としてペルソナを用意することはできるけれど、それぞれの要素に整合性がないから、ペルソナをもとに実在の人物をイメージして「この人が他にどのようなものを好むか」と想像することが難しい。どちらかというと、ハンバーガーが一番大好きという、その人がハンバーガーに見出している価値みたいなものを、社会的な属性と切り離して考えた方がもっと上手く捉えられるんじゃないかという気がしてきました。

秋山さんが最初におっしゃっていた「ペルソナという言葉では言い表せない」という感覚を、もう一度聞かせてもらえるでしょうか？

**秋山**　あらためて問われると何だろう。「ペルソナ」に向けて何かを考えようとしたとき、その人に共感できるかというと難しい気がします。例えば「若い女性で、こういったファッションが好きなので、このようなテイストのデザインを好むだろう」ということを考えるために「ペルソナ」を使うんですけど、共感というよりはチェックリストを見ているような気持ちになるんです。

**瀬尾**　自分もペルソナから具体的な人をイメージしようとしたときの想像力が、現実に対して貧しいと感じるときがありますね。今の例だと、典型的な考え方としてありそうなのが、ペルソナから想像して小さくて持ち運びやすく、色のバリエーションの多いカメラをつくろうとするけれど、別に中年の男性であっても日常的に持ち歩いて使うとしたら小さいカメラは嬉しいし、コーディネートで好みの色のものを優先的に選ぶ人もいる。小さくてカラフルなカメラがあったら、どのような人が使うだろうかということは考えられるけれど、「ペルソナ」を対象にものをつくるのが難しいということなんでしょうか。

ペルソナには、つくり手がうまく想像できない、自分とは違う文化や風習を持った人のことを考えるためのツールという側面がありますよね。例えば、ある宗教を信仰している人にとって冷蔵庫はどうあるといいのかとか、室内に洗濯機をおけない環境ではどのようなデザインがいいかとか、車椅子を使っている人には、どのようなサービスが提供されるといいのか、といったことをリサーチしてまとめるのに、とても役に立つと思うんです。課題を解決するためのデザインやものづくりには使えるけれど、そうでない場合にはうまく考えることができないのかもしれない。

**秋山**　ペルソナを見たところで、「アイディアがたくさん湧いてくる！」という感じがしないんですよね。

**塙**　ペルソナとして設定した型から外れにくくなってしまうというか、それ以上のものが出来上がらなくなる気がします。予想通りのものは完成するけれど、予想を越えるものが生まれない。ある種のカテゴライズされた「こういう人」といったイメージに当てはめたものしかつくれなくなってしまう。

**瀬尾**　先ほど、「ペルソナ」は共通認識を持つためのツールで、顧客にとっての価値を定義するものではないという話がありましたが、実際にはペルソナを設定する時点で、すでに「こういう課題を持っている人をペルソナにしよう」と、つくり手側に都合のいい要望を織り込んでしまうこともあるのではないかという気がしてきました。

**今井**　ペルソナが喜ぶ以上のものが出てこない。

**鈴木**　平均値的なものを集めれば集めるほど、世の中から逸れていくことってあるじゃないですか。ＡＩに多数派のデータを学習させると、さらに平均化されたバイアスがかかってしまうということもありますよね。ペルソナをつくることにも同じことが言えるのではないかと思いました。

**今井**　そもそも、つくり手は、受け手に価値をもたらすためにものをつくっているのだろうか、ということから分からなくなってきました。

**塙**　確かに。

**今井**　誰もいらないものはつくりたくないし、みんなを不幸にするものもつくりたくないけれど、ただ、「ユーザーにとって価値があるもの」をいくら考えても、それってユーザーが欲することができる範疇のものでしかない気がするんです。例えば、スマートフォンができる前は、誰も「スマートフォンが欲しい」と思ってなかったはずですよね。そんなの必要ないって言う人の方が多かったかもしれない。先に受け手にとっての価値とかを考えすぎてしまうと、想像を超えていくものをつくれないのではないかと思いました。

**瀬尾**　これまでの話にある、つくり手の認知バイアスがかかった、類型化されたペルソナを立ててしまうという問題は、「真面目にインタビューやリサーチをしていれば、そのようなペルソナは生まれない」と、「ペルソナ」の偉い人に怒られそうなところも含んでいると思うんです。本来は、そのような類型化されたイメージを回避するために「ペルソナ」をつくっているはずなので。

**今井**　私たちが問題にしてきたことは、「ペルソナ」概念そのものにではなく、「ペルソナ」概念を運用するところにある問題かもしれないというのは重要な点ですね。しかし定義の通りに運用することが難しいというのも、工学の動機にはなります。なぜうまくペルソナを立てられないのか、なぜペルソナを立てたからといってアイデアが湧き出てこないのか、運用を難しくさせている要素がないかを考えてみてもいいかもしれません。

　とは言え、やはり「ペルソナ」という概念そのものに問題がある可能性もまだあります。今までの議論から、秋山さんが最初におっしゃっていたモヤモヤは、「ペルソナ」という概念が、必ずしもデザインやものづくりを楽しくしないということだったのではないかという気がしてきました。

**秋山**　サプライズプレゼントがしたいのかもしれません。

塙　料理に続いて、素敵な表現。

瀬尾　自分の場合、具体的なペルソナを立てるより、インタビューさせてもらった具体的な人を想定して、その人を軸に判断していくことが多いんですけれど、それも広義のペルソナですよね。

　でも、何かそういった具体的な人物像を立てずにものをつくったり探求することもあるはずで、例えば環境問題を考えたプロダクトとかサービスをつくろうとしたとき、その対象は未来の人類でも、環境問題に意識的な人でもなく、環境そのものだと思うんです。もっとそういう人間以外の何かを扱えないのかな、ということがあらためて気になりました。

秋山　脱・人間中心主義ですね。私は「ペルソナ」が悪いというのではなく、すごく機能しているのだろうけれど、本当はもっと料理とかサプライズプレゼントとかを考えるための、人の形をしたツールが欲しいのに、それがないところに問題を感じているのかもしれないです。

## STEP3　概念を工学する

今井　時間になったので、概念工学をおこなっていきましょう。「想定することでよいデザインをおこなうことができるようになる、他者の概念」である「概念X」を考えるために、すでに私達が使っており、かつ「概念X」に最も近そうな「ペルソナ」概念を中心に議論をおこなってきました。その結果、「ペルソナ」という概念の使いづらさは運用の難しさにあることや、「ペルソナ」概念では扱えない他者、すなわち環境や自然などがあること、また、「概念X」には料理をふるまったりサプライズプレゼントを渡したりするときのように、必ずしも受け手の要望から始めなくてもよいという側面を求めていることなどが分かってきました。

秋山　料理をつくったり、サプライズプレゼントをしたりするのに必要なのは、デモグラフィックな要素より、もっとエモーショナルな「こういう人を喜ばせたい」と思うような……。何て呼ぶといいでしょうか。

瀬尾　その人と、自分の関係性みた

いなものまで考える必要があるかもしれないですね。

**秋山** 例えば飲食店を開こうとしているとき「この街はオフィスワーカーが多いので、これくらいの料理をこれくらいの値段で」と考えることもあると思うんですけど、そうではなく、「自分の料理で誰かを喜ばせたい」とか「お客さんのこういう顔が見たい」という思いを表す何かがほしい気がします。

**塙** ペルソナを見て何かをつくろうとするときってすごく受動的な感じがするけれど、どちらかというと、能動的にアイデアが生まれるというか、何だろうな……。別にそれが、多少ペルソナのイメージから外れてもいいから、こういうものがあっても面白いよね、といったことを上乗せしちゃう感じがあるといいのかもしれないですね。「おせっかい」というか、料理とかサプライズプレゼントとか、本当に欲しいか分からないけれど「これを見て喜んでくれたら嬉しいんだ!」というつくり手側の過剰な、何らかのモチベーションのような。

**秋山** そうですね。

**今井** 「概念X」には、つくり手のわがままさを引き起こす力があるといいのかもしれませんね。具体的にどんな人物であるかというだけでなく、「なぜ私がその人を喜ばせたいのか」というつくり手側の思いもあわせて考えられるようになるというか。

**秋山** そうですね。

**瀬尾** 「ペルソナ」になると、どうしても一歩引いた他人になってしまうのかもしれない。

**塙** 確かに。

**今井** 親しみたい。

**鈴木** その人とどういう関係性でありたいかということも考えたい。

**秋山** つくり手としての意識から始めると、そこが重要になりますよね。お客さんよりもつくり手の方が嬉しいときさえある。

**鈴木** つくり手の主観と受け手の主観の間で、お互い共有できるいい感じのところを探せるような概念だといいのかもしれません。

**瀬尾**　「ペルソナ」概念を拡張するとしたら、その人に対して自分ないしプロダクトはどうありたいか、思いや関係性を追記していくことになるのでしょうか。

**今井**　うーん。さっき瀬尾さんがおっしゃっていた「ペルソナは一歩引いた他人」というのがすごくしっくりきていて。一歩引いた他人だからこそ、冷静にニーズを探れるという気もしますし、むしろそこが「ペルソナ」概念のミソだとしたら、拡張は難しいですよね。

**塙**　そうですね。

**瀬尾**　そうすると、やはり実在の人を想定した方がいいのかもしれない。

**秋山**　そこまで行かなくてもいい気がするんです。例えば、僕はいつか他人にすっと差し出せるといいなと思って、常に絆創膏をカバンの中に入れていて……。

**塙**　優しい！

**秋山**　飲食店だったら、特に明確なあの人というイメージは持たずにいるけれど、お金のない若者に、特に注文されていなくてもスッと出すおまけの一品のような、そんなメニューを一つ持っておきたいという気持ちがあったりすると思うんです。それはペルソナとは別に存在している、ある種のモチベーションだと思います。

**塙**　家族のように近しい人に向けて何かを贈るのって逆に難しいところもあると思うんですけれど、適度に距離のある人が喜ぶ何かをしてあげたいという気持ちは割と自然に持てて、そんな感覚を言葉にできたらいいですよね。

**瀬尾**　外で怪我をすることは誰にでもあり得るし、具体的な誰かや、家族ほど身近な人を想定しなくても、漠然とした誰かのために絆創膏を用意することができるんですよね。「ペルソナ」のような個人でも、「ターゲットセグメント」のような集団でもない仕方で誰かのことを考えることができる、そういう新概念ですね。

**今井**　「ペルソナ」をはじめ、「グループ」とか「セグメント」という概念には、つくり手が登場する余地がなかったんですね。それが、議論していく中で、「本当はもっとつくり手側の話をしたかったんだ」という気持ちが分かってきて、つくり手の思いや受け手との関係性から、デザインやものづくりをしていくことを助ける概念を求めていたのかもしれないということが見えてきました。

残り30分となってしまったので、これまでの議論を振り返りながら、概念をつくってみていただきたいと思います。みなさんが考えた新しい概念に名前をつけて、簡単でいいので、定義と工学のポイント、そして期待できる効果を、ワークシートに書いてみてください。

（5分経過）

**今井**　5分経ったので、発表していきたいと思います。じゃあ、今回は私から。

**「フィール」**

**（定義）**

誰にどのように喜んでほしいのか、何に対して誠実でありたいのかというつくり手の中にある純粋な気持ちのこと。

**（工学のポイント）**

欲しいのは対象側の新しい名称ではなく、つくり手側の気持ちやモチベーションを表す言葉だと思いました。

つくり手側の前のめりさというか、お節介さみたいなものがいいデザインにつながることがあると思うので、受け手とは関係なくつくり手が持っている気持ちを扱えるようにしました。

**（期待できる効果）**

・自分の中から出てくる純粋な思いを顧みる機会が生まれる。

・もっと楽しく創造的なデザインが生まれる。

これはつくり手が、誰にどう喜んでほしいのか、なぜそうしたいのかというモチベーションを表す概念です。工学の方向性としては、つくり手側の話をもっとした方が、よいものをつくれる気がするんです。例えば、企画会議で「それ、どういうフィールでつくろうとしているの」

と使うイメージ。それをもとに「ペルソナ」を捉えると「なるほど、こういう人に届けたいのか」と、これまでより深く理解できるのではないかと思いました。

**鈴木**　お洒落な表現ですね。

**今井**　はい（笑）。じゃあ、次は瀬尾さん。

**「行為のペルソナ」**

**（定義）**
人間としての主体と切り離された、行為や欲望を表すもの。

**（工学のポイント）**
人の属性と実際の行為の関連性が見えにくくなってきた現代における、ペルソナを検討してみました。

**（期待できる効果）**
人の属性と実際の行為の関連性を切り離して考えることで、より普遍的な経験を考察できるようになる。

**瀬尾**　ちょっと言葉がおかしい気もするので、もっといいネーミングを考える必要があるのですが、人の属性と実際の行為の関連性が見えにくくなってきたという話が気になって、人間としての主体と切り離された行為や欲求を表す概念を考えてみました。例えば「タンスの角に足をぶつけたペルソナ」とか（笑）。別に大人でも子供でも、大体みんな同じ反応を示すと思うんです。もう一つ例を挙げると、「旅行にカメラを持っていきたい」といったことを、どのような人が持っていくかということを切り離して、一旦考えてみる感じでしょうか。「料理をつくれるようになる」概念とは少し距離があるのですが、絆創膏の話から考えてみました。ペルソナを抽象的に捉えて、より普遍的な側面を見つけようとする感じかもしれないです。

**塙**　面白いですね。

**今井**　ありがとうございます。塙さんお願いします。

**「バイブス増し増し」**

**（定義）**
顧客視点ではなく、つくり手の

「気持ち」を加えたアイデアにすること。

**（工学のポイント）**
「増し増し」というところがポイントです。特に推したい気持ちや、強く込めたい感情を表現できるようになるとよいと思います。

**（期待できる効果）**
「私はこういう気持ちでこれをつくりたい」という思いを企画に入れることができる。

**塙**　言葉が思いつかず、ギャルみたいになってしまいました（笑）。皆さんの言っていることと近いんですけれど、企画書に「＋αのバイブス」という欄があって、会議のときに「つくり手のバイブスはどこに入っているのか」と議論ができると「私はこういう気持ちでこれをつくりたい」という気持ちを企画に入れることができていいと思いました。

**秋山**　なるほど（笑）。

**瀬尾**　「バイブス」って考えてみたら「フィール」の現代語ですよね。

**塙**　そうですね（笑）。

**今井**　では、鈴木さんお願いします。

**「パペットモデル」**

**（定義）**
パペットをとおして演技することで、「ペルソナ」の主観を想像する方法

**（工学のポイント）**
ペルソナという概念を工学するのではなく、うまく扱えるようになる方法の方を考えたいと思って、ペルソナを体験するための手法に名前をつけてみました。

**（期待できる効果）**
・「ペルソナ」の主観をもっとうまく想像できるようになる。
・思い描く人物像について、もっとつくり手に近く、人間らしいと感じられるようになる。

**鈴木**　ペルソナに替わる概念というよりは、ペルソナを使ったアイデアみたいな案になるんですけど、ワー

クショップで手にパペットをはめて喋ることで、自分の人格を一旦外して話せるようになるという方法があるんです。そのパペットに憑依させる人格を「ペルソナ」にすることで、「ペルソナ」の主観をもっとうまく想像できるようになったり、思い描く人物像がもっとつくり手に近く、人間らしいと感じる人になるかもしれないと考えてみました。

**今井**　ペルソナより魂を感じます。

**瀬尾**　パペットをとおして演じることで、その人の主観を仮体験し、理解しようとするのが面白いですね。

**今井**　最後に秋山さん、お願いします。

「**ネイバー**」

（**定義**）

家族でも友達でもなく、でも愛して優しくしたい人。

（**工学のポイント**）

ペルソナは必ずしも自分と関係のある他者ではないので、自分との関わりの中にある存在として捉えられる概念をつくりました。

その上で、家族や友人のような親しい人ではない、誰でもあり得る他者のことにも思いを馳せられるようにしたいと思いました。

（**期待できる効果**）

誰かに向けてどのような気持ちでものをつくりたいかを考えるときに、家族とか友達ではないけれど「隣人を愛せよ」という気持ちで愛情を持って優しく接することができるようになる。

**秋山**　デザイナーとして、誰かに向けてどのような気持ちでものをつくりたいか考えるときに、家族とか友達ではないけれど「隣人を愛せよ」という気持ちで愛情を持って優しく接したい存在を表す言葉が欲しいと思ったんです。

**塙**　確かに！

**STEP4**
**概念を評価する**

**今井**　ありがとうございます。残りの時間もだいぶ少なくなりました。最後に、概念を工学したことで新しく考えられるようになったことや、あるいは生まれてしまうかもしれない懸念などについて話してみたいと思います。

**瀬尾**　振り返ると、制作者の主観やモチベーションといったことが、一番よく言及された印象があります。デザインを巡る時代の流れとして、なんとなく制作者の主観が入る領域がどんどん減ってきているというか、実際自分はどうしたいのかと問われる機会がどんどん減ってきている気がしているんです。それを取り戻そうとすることは確かに重要だと感じましたし、そういった制作者の主観について考えられる概念が出たので良かったですね。

**鈴木**　私は常に絆創膏を持ち歩くタイプではないので、そういう視点があることにまず驚きました。とはいえ、これまでつくるときには受け手のことばかり考えていたと思います。でも巡り巡って自分にも返ってくるようなつくり方をした方が、より親身になれるだろうというのは本当にそうで、そのように気持ちを切り替えて、あらためて「ペルソナ」を捉え直す必要がある、というのは大きな気づきでした。

**塙**　自分も企画を考えるとき、できるだけ受け手の視点を考えた方がいいと思っていたんですけれど、そういえば自分が受け手となったときには、意外とつくり手が楽しんだり面白がったりしているのを感じられた方が、むしろ商品やサービスに対して愛着を持っているということに気づきました。つくり手の主観が必要ないなんてことはないと気づけて良かったです。

**秋山**　最初に「ペルソナではない何か」と言ったときにはあまり自覚的ではなかったのですが、あるとき、何か空虚なものに対してデザインしているという感覚を持ってしまったことがあるんです。それはたぶん、何に対してデザインしているか見えなくなっていた瞬間だったのかなと感じます。今日は、そういったときに愛情をもって相手に届くデザインをするための切り口を考えられたと思います。それを形にしていけたら素敵ですね。

**今井**　今日みなさんと考えた概念のように、つくり手との関係で受け手を捉えることができたり、受け手のことを一旦忘れてでも、もっとこうしたいという気持ちをつくり手が持てるようになったりすることで、デザインの仕事はもっと面白くなりそうだと思いました。それに、つくり手が主体性を取り戻すことで、冒頭で話題にのぼっていた良し悪しの判断や完成の基準、プロセスの確かさといったことについても、もう少しクリアな軸が見つかるようにも思います。

　一方で、つくり手側の自我のあり方によっては、排他的になってしまったり、自分勝手すぎてしまったりと、悪影響もありそうです。

**瀬尾**　つくり手の自我が発揮されることの良し悪しは、また別の問題としてありますからね。

**今井**　制作者の倫理については、あらためて考えてみたいですね。でも今日のディスカッションはとても楽しかったです。みなさん、おつかれさまでした。

## 一人でおこなう概念工学：テーマ「書店」

ここまで、ワークショップ形式で概念工学をおこなう方法を説明してきましたが、一人で概念を工学する例も紹介したいと思います。せっかくなので、ワークショップで扱った「ペルソナ」概念にくらべ、より具体的な概念の工学に挑戦します。例えば、この本が売られている「書店」概念などはどうでしょうか。

書店は具体的な形をともなって町に存在しています。またはオンラインショップであれば、インターネット上に存在することになるでしょう。私達はそこを書店と認識しているので、本を買ったり、注文したり、何か面白い本はないかと店内（あるいはサイト内）を物色することができます。もし、書店と認識していなければ、そこは字が書かれた紙の束を大量に保管している倉庫に見えるのかもしれません。ここでは、近年減り続けている町にある書店に絞って考えてみたいと思います（以後、オンラインの書店は「オンライン書店」と表記します）。

今回は「書店で本を買う」という経験に焦点を当て、気になる問いを探しながら「書店」概念について考えていきます。経験に焦点を当てるのは、価値を感じることや、問題だと思えることから概念を工学するモチベーションを見つけやすいと私が思うからです（もちろん、自分の主観的な経験によらず、概念を工学する方法も考えられるでしょう）。

次のような手順で進めてみることにします。

1. 経験をもとに、問いを出しながら概念を分析する
2. 仮説をたて、概念を工学する
3. 工学した概念を評価する

ワークショップの例と比べて、進め方が若干異なります。主な違いを二つ挙げると、一つは最初に工学する概念が「書店」と決められているところから始まること。もう一つは概

念の定義を実験的に工学しながら、発想を広げることを重視しているところです。ワークショップの例では、工学する概念を見つけるところから始め、それがどのような概念であるとよいかと議論することを重視していましたが、どちらも、まずは概念を分析し、工学したあとに評価をするという基本的な手順は変わりません。また、今回の進め方にあわせてワークショップを開くことも可能です。

## 1. 経験をもとに、問いを出しながら概念を分析する

最初に、本を買う際に、私達が書店という概念をどのように認識しているか整理したいと思います。本を買うという利用者の視点から概念を整理するので、例えば「出版取次会社から本を仕入れている」という要素や、「古本を扱う場合、古物商の許可が必要となる」といった条件については、一旦考えないことにします。あくまで私達が本を買うときに認識している「書店」の概念とはどのようなものでしょうか。

まず、一般的な定義として、以下の要素が挙げられるでしょう。

・本を販売している

本を販売していなければ、書店と言えなそうです。もし本を販売せずに貸し出していれば、そこは図書館か貸本屋になってしまうでしょう。また、今回は町にある書店を対象にしているので、以下の要素も定義に含めようと思います。

・店舗を持っている

以上をあわせて、「書店」概念の一番シンプルな定義は次のようになりそうです。

・本を販売している店舗

次に必ずしも必要ではないけれど、一般的なものとして次のような要素も挙げられるでしょう。

・多くの本を在庫している
・本を予約注文できる

これらは書店と聞いてパッと答えられるような要素です。続いて「書店で本を買う」という経験をとおして、気になることや疑問に思ったことを考えてみたいと思います。問いをもとに考えを深めながら、日常的には気づきにくい「書店」概念の要素や、概念を工学するモチベーションを探っていきましょう。

——本を書店で買う努力をした方がよいのか?

本をオンライン書店で買うことがずいぶんと増えた一方で、気に入っていた書店が閉店するというニュースを聞いて悲しむことがあります。そのため、気になる新刊が出たときは、できるだけ書店で探すようにしているけれど、時間がなかったり、本が見つからなかったとき、結局インターネットで買ってしまったという経験をした人は少なくないと思います。これを、はたして時代の流れとして済ませてしまってもいいのか、もしくはもっと本を書店で買う努力をするべきなのか。この悩みは、私が「書店」概念を考えるときに、まず最初に気になる問いです。しかし、なぜ書店で本を買いたいと思うのでしょうか。次の問いで、考えてみます。

――書店で本を買う体験はネットで本を買う体験と、どう違うのか？

まず最初に思いつく書店の良さとして、気になる本の内容を手に取って確かめられることが挙げられるでしょう。書かれている内容以外にも、装丁にはじまり、本の重さやページをひらいたときの感触などを確かめながら、買うかどうか検討することができます。また、店員のこだわりにより構成された棚から、不意に気になる本を発見することもあるでしょう。このことから、「本を手に取って選べる」、「店員のこだわりにより構成された棚から、気になる本を見つけることができる」という要素も、「書店」概念の特徴に入れてみたいと思います。

さらによいところを挙げるとすると、好きな書店で本を買うと、どこかしらそのお店を応援しているような気持ちになるときがあります。反対に、好きな書店が自分の気になる本をおすすめしていると、うれしく感じることもあるでしょう。

――書店が町にあると何がうれしいのか？

書店が閉店すると悲しくなると言いましたが、そもそも、町に書店があると何がうれしいのでしょうか。小さくても選書のよい書店を見つけると、その町では本を読むことが奨励されているような気がなんとなくしてきます。また、そのような書店があるということは、そこに並べられているような本を読む人がこの町にもいるということになるでしょう。そんな理由から、その書店に並べられている本に書いてあるようなことについて考えることが、その書店がある町では肯定されているようにも感じられます。ある書店では、フェミニズムとＬＧＢＴＱに関する書籍を重点的に扱っているのですが、この書店があることで救われた気分になった人がいるというエピソードを、店主から聞いたことがあります。つまり、書店には「その場所（町）で、本をとおして考えることを肯定する」力があると言えそうです。

ここまで、書店で本を買う良さについて検討してきましたが、もう少しオンライン上の体験との比較を考えてみたいと思います。

——書店で本を見つける体験と、インターネットで本を見つける体験には、どのような違いがあるのだろうか?

書店でたまたま目にした本に興味を引かれることがある一方、最近多いのはSNSで目にした本に興味を持つケースです。SNSでは、フォローしている作家の告知や、自分と趣味の合う友人のおすすめを受け取ることもあるでしょう。それに対して、書店では棚の陳列やポップをとおして本をすすめてくれるのですが、本を紹介している店員が実際にどのような人か分からないという違いがあります。

どういうわけか書店は匿名性が高い環境のようにも感じます。棚の陳列やポップの匿名性は、販売する側の話だったのですが、購入する側にとっても書店は匿名性の高い環境と言えるかもしれません。例えば、私は書店で本を購入する際、探している本が見つからずに店員に相談するときと会計をするとき以外は、ほとんど声を発することがありません。なじみのカフェや飲食店のようなホスピタリティはなく、服を買うときのように店員から声をかけられることもない。オンライン書店のように、この本を読んでいる人はこの本も読んでいると薦められることもない。ある意味、孤独な環境と呼ぶこともできそうです。この距離感――読みたい本を選ぶという個人的な行為を落ち着いて行える環境――に居心地の良さを感じる人も多いのではないでしょうか。

――カフェが併設された書店は、本を買おうとする人にとって、本当によい場所なのだろうか？

ホスピタリティについて、書店と比較するためにカフェの例を出したのですが、そういえば書店にカフェが併設されることが増えて、だいぶ経った気がします。そこには買った本をその場で読むことができるという一連の体験があるのですが、書店とカフェを併設する当初の目的としては、先ほど述べたカフェのようなホスピタリティ、なじみの客の好みを聞いて、おすすめの本を紹介するような文化を書店に生み出そうとしたり、書店がコミュニティの場となることを目指したのかもしれません。しかし、私がこれまで見てきた多くの店舗はカフェと書店の運営が分かれていて、体験としては書店の中にカフェがあるというよりは、書店のすぐ隣にカフェがあるといった印象が強く、カフェがあることで本を中心にしたコミュニティが生まれているような現場をあまり見たことはありません。本当は、カフェと書店の相乗効果を目指したよい体験があるはずなのだけれど、まだ理想的な体験をうまく見つけられていない可能性があります。

一旦、まとめてみましょう。ここまで問いを立てながら、「書店で本を買う」という経験から、私達がなんとなく認識している「書店」について深掘りをしてきました。そこで見つかった要素を書き出してみます。

・本を手に取って選べる
・書店員により、本の陳列がなされている
・店員のこだわりにより構成された棚から、気になる本を見つけることができる
・売られている本のテーマについて、その場所（町）で考えることを肯定する力がある
・店員から声をかけられない

・匿名性の高い環境
・カフェを併設していることがある

さて、問いを立てながら私が書店で本を購入する際に魅力的だと感じたのは、書店が持つ「その場所（町）で考えることを肯定する」という価値です。どれくらい一般的に認知されている魅力か分からないのですが、これは書店が町にある価値を説明するものとして重要な要素である気がしています。さて、「書店」概念を工学することで、書店が町にある価値をもっと向上させることができないか考えてみたいところです。これを工学に対するモチベーションの起点として、概念を工学していきたいと思います。

## 2. 仮説を立て、概念を工学する

問いの手法の一つとして、仮説を立てて検討をおこなう方法があります。架空の舞台設定やストーリーをもとに哲学的な問いを考える思考実験があるのですが、今回はもっと気軽に

「もしも」という言葉から始まる構文を使って仮説を立て、どのように「書店」概念を工学できるか検討してみたいと思います。先ほど考えてきた問いをもとに「もしも」という構文を使い、新しい「書店」概念の定義を考えてみましょう。

——もしも、よく話す書店員がいたら?

書店には「店員から声をかけられない」「匿名性の高い環境」という要素がありますが、もし書店員がよく話し、積極的におすすめの本を教えてくれる人だったらどうでしょうか。

——もしも、書店がコミュニティの中心地になったとしたら?

先ほど「売られている本に書かれている内容について、その場所(町)で考えることを肯定する」という書店の要素を挙げてみたのですが、本をテーマとしたコミュニティ——考えることに開かれた場——を書店の中につくることで、「本に書かれた内容について考えることを肯定する」という要素をさらに強めることはできないでしょうか。具体的には、読書会をはじめ、本を媒介に話し合う場を開くことで、本をとおしたコミュニティをつくることが考えられます。もし、その地域が抱える課題、例えばまちづくりや子育てなどをテーマに選書をして読書会を開けば、町のコミュニティの中心地になる可能性も生まれてきそうです。

――もしも、カフェ以外の業種と書店が融合したら？

先ほどはカフェと書店が併設されている事例について、必ずしも肯定的ではない話をしたのですが、カフェ以外の業種と書店が融合することも考えられるでしょう。例えば、カフェとコインランドリーが併設されることで地域のコミュニティの場になったという事例があるのですが、カフェでなく、書店とコインランドリーが融合することにも何らかの可能性が感じられます。また蔵書をたくさん並べているバーに行ったことがあるのですが、そこで本を売ってみるのも悪くない気もします。多少酔っていた方が思いがけない本を購入するきっかけになるかもしれません。

もしかしたら、本を買うという経験は、他の行為とともにおこなわれる方が可能性が広がるのかもしれません。つまり、洗濯物を洗いながらとか、お酒を飲みながらとか、そういえば昔は移動の途中に、駅の売店で雑誌と飲み物をよく買っていました。

さて、いくつかの仮説を立ててみましたが、最終的に「本を販売している店舗」という「書店」概念を次のように工学してみたいと思います。

書店：本の販売を媒介としたコミュニティの場

この定義に基づく書店とは、どのようなものでしょうか。例えば、コインランドリーの入り口で、スナックのカウンターで、もしかしたら病院の待合室で、個人的な興味としては家の軒先で、気軽な会話ができる環境に小さな棚を置き、そこで本を売ることができるとしたら、町の様々な場所に書店があふれることになります。そこでちょっとした読書会を開いたり、相手の興味関心にあわせて本を薦めたり、もしくは気になった本をもとに会話のきっかけが生まれたりしたら、本を中心とした生活が少し楽しくなるような気がします。

概念をどのように工学したか、もう少し説明したいと思います。ここでは、「本を販売している店舗」という定義に「コミュニティの場」という要素を足し、「店舗を持つ」という要素を削除してみました。ただ「本を販売する」のではなく、「本の販売を媒介とした」と表現しているのは、本を販売する中で相手の興味を聞いたり、本に書かれている内容をもとに話し合うコミュニティとしての場を提供することを意図しています。また「店舗を持つ」という要素を抜いたのは、本の販売を目的とした専用の店舗を持っていなくとも、それを書店であると言ってみようと思ったからです。例えば、私達は雑貨店などで、棚一段だけ本を売っているのを見て書店と呼ぶことはないのですが、そのような少量の品揃えであっても、その棚一つを書店と認識してみようと考えてみました。

補足となるのですが、このような「書店」のあり方は、一般的な「書店」とは大きく違う形をしています。ここまで紹介した「女性」「健康」「河川」は既存の概念を改訂する概念工学だったのですが、ここで行っている概念工学は既存の概念の改訂というよりは、新しい概念の創造という印象が強いかもしれません（既存の「書店」概念に強い問題意識を感じていたわけでもありませんでした）。このように「書店」概念を改訂したところで、一般的な書店は残り続けるので、この新しく工学された「書店」概念に別の名前をつけてみたいと思います。ぱっと思いついたところで言うと、「ソーシャルブックカウンター」という名前は、どうでしょうか。

## 3. 工学した概念を評価する

最後に、「書店」概念を「本を販売している店舗」という定義から「本の販売を媒介としたコミュニティの場」という定義に工学した「ソーシャルブックカウンター」の評価をしてみたいと思います。

この定義では、様々な場所において、コミュニティや人とのつながりをとおして本に触れることを提案しています。もし、懸念点があるとしたら次のようなことが考えられるでしょう。本を読むという行為には、何に関心を持ち考えていくのか、自分の価値感を規定していくという側面があります。そのように捉えると、書店で人と話すことなく、一人で気兼ねなく本を買えることは、ある種のプライバシーの領域に属する権利として尊重される必要があるとも考えられます。

今回の定義では、そのプライバシーにまつわる権利を侵害する可能性があると言われるかもしれません。端的に言えば「本は、一人で静かに買わせてほしい」という批判です。その批判に対しては、プライバシーを従来通り保ちたい人は既存の書店を利用することができると、一旦の応答をしたいと思います。

もう一つの批判として、「コミュニティの場」づくりに意欲的な書店と何が違うのか、というものが挙げられそうです。確かに、読書会をはじめとしたイベントを開催するなど、コミュニティづくりをおこなっている書店は珍しくありません。しかし、ここで提案する書店「ソーシャルブックカウンター」は、例えばコインランドリーの入り口で、スナックのカウンターで、もしかしたら病院の待合室と、本とは別の目的で集まった人に対して、本を媒介にコミュニティをつくろうとしています。その結果、本を目的に集まったコミュニティとは、少し違う性質を持ったものになりそうです。また「その場所（町）で考えることを肯定する」という書店の要素を、従来の書店の外へと押し広げる可能性もあるでしょう。

ただし、実際にこの概念工学により、私達の本を買う経験がよりよいものになるかは、実際に実現してみないことには分からないところがあります。先ほどは触れていなかったのですが、「ソーシャルブックカウンター」を実現するために、出版取次会社とどのような契約を交わす必要があるのか、また、どのように運営できるかといったことはまだ考慮されていません。ビジネスとしてサステナブルなのか、コミュニティとして機能するか、実際に本を買うよい体験となるかは、サービスのデザインや運営によって大きく変わってくるところでもありますが、このように概念をつくっていくことで議論や提案を行いやすくなると考えられます。

## より大胆な「書店」の概念工学

創造的に概念工学を行おうと思ったとき、もっと大胆に概念を変えていく方法もあります。書店の必要条件（その条件がなければ、書店とは呼べない条件）として「本を販売している」という要素を挙げたのですが、これを思い切って変えてみましょう。

もし「本を販売しない書店」があったとしたら、どうなるでしょうか。本を販売する代わりに本を貸し出す場合は、図書館や貸本屋になってしまうので、別の可能性を考えてみたいと思います。はたして、本を販売せずにどのような書店を作ることができるのでしょうか。

例えば、気になる本を伝えると、代わりに読んで内容をまとめてくれるというサービスはどうでしょうか。忙しくて読む時間のないミステリー小説のトリックと犯人の動機をまとめられても困るのですが、そのような娯楽としての読書とは別に、研究をおこなうときや仕事の中で調べ物をする際に、多くの本を購入して読むのはなかなか大変な作業です。本をとおしてリサーチ業務をおこなってくれる専門書店、「読み調べ書店」があったら利用したいと思う人は少なからずいそうです。図書館にはレファレンスといい、図書館にある情報をつかって利用者の質問に答えてくれるサービスが既にあるのですが、専門書店であれば、よりテーマに特化したリサーチができそうです。また、国会図書館のリファレンスサービスでは、美術品の市場価格の調査や良書の推薦は行われないのですが、この「読み調べ書店」では、このような要望にも応えてくれそうです[※1]。

さて、思いつきをもとに本を販売しない「読み調べ書店」という書店を考えてみました。このような考え方は、これまで当たり前と思っていた「書店」概念とは全く違う、新しい「書店」概念の可能性を見つけるきっかけになるかもしれません。

## 概念工学の練習問題

最後に、実際に概念工学をしてみたいと思ったとき、取り掛かりやすい概念を練習問題として、いくつか紹介したいと思います。概念工学をおこなうとなると、元となる概念の分析が一筋縄でいかないものが多くあります。例えば、これまでの議論の積み重ねで社会的な合意に至った概念には、それ相応のリサーチが必要でしょう。

そこで、いくつか概念工学をおこないやすそうな概念と、概念を工学するきっかけとなりそうな問いを次に紹介してみたいと思います。

「成長」：仕事において求められる成長は、義務なのか。

「趣味」：趣味はただの遊びに過ぎないのか、それとも生きていく上で欠かせないものなのか。

「発注」：発注をするとき、ただ金銭と成果物（またはサービス）のやりとりだけをしているのか。もっと別のものをやりとりしているのではないか。

「旅行」：散歩と旅行の違いはなんなのか。もっと散歩するように旅行することはできないのか。
「サステナビリティ」：持続可能性を問われるが、時には何かを止めるという発想も重要なのではないか。

社会課題と紐付けて考えられるものから、近しい概念との棲み分けを議論できるもの、体験をもとに語りやすいものを、概念工学をおこないやすい概念としてここでは選んでみました。

※1　国会図書館、レファレンスサービスの解説より
https://www.ndl.go.jp/jp/library/reference.html

# 問い立て君〈言葉で言い表せない概念は存在するのか〉

# 第3章
# メタフィジカルデザイン

## 哲学営業日誌：名付けようのない戦い

『ニューQ』の各号のタイトルは、最初に企画したタイミングで第3号まで決まっていました。三冊目のタイトルは「名付けようのない戦い号」。勉強家（スタディスト）として活動する岸野雄一さん※1がSNSでつぶやいた「名付けようのない戦い」という表現が気になってメモをしていたのですが、この言葉から得られる着想だけで一冊の号をつくってみようという試みです。この言葉を前にすると、「名付けようのない戦いとは何なのか？」「なぜ、名付けられないのか？」「何と戦っているのか？」と気になることが次々と出てきます。この言葉を疑問文の形をしていない問いと捉え、雑誌をつくりながら考えてみたくなりました。

そのようなわけで、「名付けようのない戦い号」はどのような内容になるか、誰も分からないまま制作が始まります。企画を進めるうちに、だんだんと公共性や社会といったものをテーマの中心に据えようとしていることに気づいていきました。結果的に雑誌の構成は、公共のあり方についてＳＦ作家と考える誌上ワークショップにはじまり、そこで得た着想をもとにしたアートワーク、そして、そもその「名付けようのない戦い」という言葉を発した岸野雄一さんの原稿など、社会や公共について様々な切り口から捉えようとするものが並ぶことになりました。思えば、気になる社会的な問題が増え続ける中、それに対して何かアクションを起こしたいという気持ちがあったのかもしれません。また、そもそも哲学に関心を持ったきっかけの一つに、働く中で見過ごされてしまう社会的な意味や価値といったものを、仕事の中で捉えられるようになりたいという思いもありました。まだ名指されることのないものに形を与え、社会に働きかけていく。それが、私達の「名付けようのない戦い」なのかもしれません。雑誌以外の仕事においても、このような戦いが――と表現すると、やや物騒な表現になるのですが――増えていくことになりました。

会社の哲学事業部であるｎｅｗＱでは、ここまで紹介してきたように、問いを立てるワークショップや、概念工学ワークショップをとおして、クライアントとともに哲学する場を開いてきました。最初は、主にサービスデザインのプロジェクトにおいて、哲学的なワークショップを開催するだけの試みだったのですが、「名付けようのない戦い号」を刊行する頃には、より多様な仕事の依頼が入ってくるようになりました。

例えば、企業の研究組織からの「自分達がおこなっている研究に、どのような問いがあって、何を考えていることになるのか、あらためて整理したい」という依頼や、鉄道会社からの「まちづくりの方針を新しく考えたい」という依頼。または、メーカーのデザインチームより、「これからのデザインやものづくりのヒントとなるテーマについて一緒にリサーチをおこないたい」という相談など。企業に限らず、NPOやアート関連の組織からも仕事の依頼をもらうようになりました。

多くの仕事は、ただワークショップを開くだけではなく、関連する論文や専門書など、人文的な側面から調査をおこなったり、識者へのインタビューといったリサーチから始まります。そこでおこなうリサーチの計画は、雑誌の企画に少し似ているような気がしました。例えば、「名付けようのない戦い号」では、公共を考えるにあたり、公共財にはじまり、SFの世界で描かれるフィクショナルな公共社会、社会の中で少し変わった生活実践をしている人のコラム、盆踊りを開催する中で民主主義について考えた論考、公共から連想するキーワードをもとに書かれた掌編など、テーマに対していくつかの切り口をつくり、様々な角度からの視点を用意します。同じように組織とおこなうリサーチも、ただ専門家に話を聞けばいいのではなく、いくつかの視点を設け調査を進めます。テーマによっては歴史を遡ることもあれば、全く違う地域の風習を調べたり、ときに遠くから考えようとします。[※2]

リサーチプロジェクトの最後には、調査した本や論文の紹介にはじまり、インタビューやワークショップの書き起こしやグラフィックレコーディング[※3]で描かれたイラスト、そしてプロジェクトをとおして生まれた新しい問いや概念、またそこから生まれたアイデアを雑誌のような形でまとめた冊子の制作をおこなうことも増えてきました。このような冊子をつくることで、組織で考えていることが明確になり、他者と共有しやすくなったと言ってもらえることも多いのですが、一方で冊子をつくるまでのプロセス——クライアントとともに哲学すること——にこそ、価値があるとも感じています。

そのような仕事に取り組む中、リサーチにはじまり、ワークショップをおこなったり、その結果を冊子にまとめていく活動をとおして、多くの人と哲学していく方法は、論文や書籍を中心に進められる哲学研究の一般的な活動と、少し違うことに気づき始めました。私の考えでは、これは哲学の実践形態の一つであり、社会の様々な課題をその現場にいる人々の実践の中で哲学をおこなう「社会をとおした哲学」のあり方の一つと捉えています。この本の「はじめに」で、私は「生活や仕事といった日常の中で気になる問いを見つけ、哲学していくことは、最終的に私達の手の中から新しい社会をつくっていくことにつながる」と書いていました。では、私達が社会の中で哲学をしていくには、どうすればよいのでしょうか。また、そのような方法は、哲学の中でどのように位置づけられるのでしょうか。

このような問いを考えるにあたって、ｎｅｗＱはたまたまデザインの中で哲学することをはじめたのですが、意外なことに哲学とデザインの関係性から考えるとよい答えが得られるような気がしています。雑誌的な切り口で捉えると、「社会をとおして哲学する」というテーマに対してデザインから考えてみるというものです（実のところ、このテーマはデザインと哲学を横断する仕事を続けて行く中で浮かび上がってきたものです）。

ｎｅｗＱでは、哲学とデザインを横断する試みをメタフィジカルデザインと呼んでいます（この本のタイトルにもなっているものです）。本章では、このメタフィジカルデザインという取り組みが、はたしてどのようなものなのか提案をおこない、そしてそれは哲学の試みとしてどのように位置づけられるか考えていきます。そして、メタフィジカルデザインという枠組みで、いかにして「社会をとおした哲学」をおこなうことができるのか、まとめてみたいと思います。

※1　筆者は、以前に岸野雄一さんが主催した音楽劇『正しい数の数え方』の制作に参加したという経緯があり、雑誌への寄稿をお願いすることになりました。

※2　リサーチの具体例は、あいにく守秘義務により紹介できないのですが、本書に付録としていくつか掲載可能なリサーチ資料の写真を紹介しています。

※3　会議の様子をイラストで描いていく記録手法。ただ分かりやすく記録するだけでなく、イラストで議論を整理したり、記録をもとに論点を振り返るなどファシリテーションをおこなうこともあります。

# 哲学とデザインの話を慎重にする

本書のタイトルにもある、メタフィジカルデザインの説明をする上で、いよいよ哲学とデザインの話をしてみたいと思います（ここでいうデザインとはどういうものかは、後ほど詳しく説明していきます）。

よく、「どのようにして、哲学することを仕事にしているのか」と聞かれるのですが、これまで書いてきたように「そもそもサービスの企画やデザインといった仕事が先にあり、そこに哲学的に考えることを取り入れていった」というのが答えになります。思いつきで始めたことでしたが、近年のデザインを取り巻く考え方の変化や広がりが、哲学する場を広げていくことのヒントになるような気がしています。というのは、哲学とデザインは、意外と似ていると感じさせるところがあるからです。ひとつ勘を働かせるとしたら、哲学とデザインの似ているところ、そして違うところ、その類似と差異に着目することで、それぞれの新たな展開に気づくことができるかもしれません。

まず、哲学とデザインの何が似ているかというと、あらゆるものを対象にすることができ、ツールのように機能するところです。また、どちらも抽象的なものを扱うことができて、人々の「認知」を形づくることに貢献しようとします。違うところ——とてもたくさんあるけれど、注目するべき違い——を挙げるとしたら、哲学は概念を明確化し、それがどうあるべきかを論じるのに対し、デザインは概念に形を与え、それをどのように経験させるか（ときに人々の行動を変えていくか）、ものや仕組みをつくりながら考えていくところです。※1

これまでおこなってきた哲学とデザインを横断する仕事をとおして得た経験や知識をもとに、あらためて哲学とデザインの関係性について考えてみたいと思います。なにはともあれ、問いを立てるとしたら「デザインにおいて哲学するとはどういうことか」。反対の立場から表現すると、「哲学においてデザインするとはどういうことか」というものになるでしょう。これらの問いは、哲学する場所を社会の中でどのように見つけていくか、もしくは切り拓いていくか、考えるヒントになるとも感じています。

ただ、哲学とデザインについて書いていく上で、気がかりなことを一つお伝えすると、私は哲学とデザイン、どちらについても専門的に学んできたわけではありません。なので、慎重に言葉を選びながら進めていきたいと思います。

## 広がるデザインの領域

まず、近年のデザインが人々の「体験」や「経験」に注目し、デザインの領域が広がっていった流れについて、私の経験をもとに書いていきます。

サービスの企画、システムの設計、ときに開発といった仕事をおこなってきたのですが（人々がさわるボタンや情報の表示といった、システムの表層にあたるユーザーインタフェースの開発が私の専門でした）、ある日そこにデザインという言葉が入ってくるようになりました。

かっこいいロゴの制作や、目を引く配色、フォントの調整を行うわけではないのですが、ボタンや情報を見せるアニメーションを作ったり、「使うときに楽しい気分になるよう、少しゲームっぽい演出を入れよう」といったコンセプトをデザイナーと一緒に考えるなど、少しずつデザインの領域の仕事を自分でもおこなうようになりました。また、このサービスにはどのような情報があり、それをどのように見せたり入力してもらうか考えてインタフェースを設計することは、確かにデザインと言えばデザインとも言えます。

その中で「ユーザー体験」という言葉を聞くようになったのは2009年頃のことです。[※2]これまでサービスの企画やシステムの設計をとおして、どのように情報を人に伝え、サービスなりシステムを使ってもらえるかということを考えてきたのですが、それらの行為を大きく捉えると、それはサービスをとおしてユーザーがどのような経験をするかデザインすることにつながります。ユーザー体験デザイン（User Expelience Design：UXD）とは、このようなユーザーの体験、もしくは経験に着目しデザインしていくことを、より強く推し進めていこうとする新しい考え方でした（最近、「ユーザーの経験を本当にデザインできるのだろうか？」ということが気になっているのですが、このことについては一旦素通りして話を進めます）。

この新しい概念は、ユーザー体験を重視したiPhoneをはじめとしたアップル製品が大ヒットしたことを背景に、10年くらいかけて世界に広まっていきました。その結果、製品やサービスをつくるにはシステムの都合ではなく、人間の事情を中心に捉え――ただ競合他社より優れた機能をつければよいのではなく、使いやすさや分かりやすさを優先して――デザインすることが大切だと理解されるようになっていきました。また、デザインのプロジェクトにおいて、体験をデザインするために人々の行動や環境をリサーチすることが当然のこととして組み込まれるようにもなっていきます（一部の先進的な企業では、そのために文化人類学者を雇用するということもおこなわれたりしています）。

そのような流れの中、デザインという言葉が表す領域は拡張され（もともと広かったのかもしれないのですが、その広さが社会的な認知に至り）、いつしかサービスの企画や開発を専門としていた私の肩書きの中にも、ＵＸデザイナーという項目が追加されるようになりました。

## 人が集まる場所としてのデザイン

この10年に及ぶ――２０１０年代を中心とした期間に起きた――デザインの躍進、領域の拡張はめざましく、先進的な企業ではデザイナーを経営陣に据えたり、ブランディングの観点から、企業や組織の理念をデザイン戦略の一部として検討することが一般化していきました。また、デザイナーも個人の経験や直感だけに頼らず、データアナリストが提示した数字を見てデザインを検討し、経営的な観点を含めた提案をおこなったり、デザインとエンジアリングなど、複数の業種を横断して活動することが増えてきました。

つまり、この期間に起きたのは、デザイナーの仕事が、視覚的・物理的なもののデザインに限らず、行為や体験、コミュニティや組織、理念など多岐にわたる領域に広がっていったという大きな転換です。なぜ、そのような変化が起き得たのでしょうか。

それは、この時期に多くのデザイナーが他の業種や領域の仕事を理解しようと努力したことが第一に挙げられるのですが、もう一つ大きな理由として課題解決の手法としてデザイナーのデザイン実践のプロセスを体系化した「デザイン思考」と呼ばれる手法が確立されていたことが大きいと言えそうです。デザイン思考では、観察に始まり、課題を見つけ、その解決策を考えて実践し、その効果を評価するという一連の行為を、様々なツールやフレームワークを活用しながらおこないます。例えば、インタビューをおこなう中で見出したサービスの利用者像をペルソナと呼ばれる形態にまとめ上げ、サービスをどのように利用するのか、具体的な流れをシナリオに書き出していく。その中で解決すべき課題を探り、アイデアを募り、そこで選ばれたアイデアの仮デザインを用意し、プロトタイプをつくって検証するといったことをデザイン思考ではおこないます。※3

これは、今まで多くの組織でおこなわれてきた、机上で企画したものをそのまま実行に移すという旧来のプロジェクトの進め方とは大きく異なり、未知の目的を前に、まず何かをつくって実践し、その経験をとおして本当の課題や解決策を理解していくという、ある種のプラグマティズムともいえるプロジェクトになります。このような模索したり、ときに後戻りしながら考えていくというプロジェクトの進め方を、デザインという名の下でおこなうことができるようになったのです。

私がデザイン思考の中で一番良いなと思うのは、その活動に多くの人を巻き込む力——場を開く力——があるところです。そもそもデザイン思考は、デザイナーとそれ以外の人が共同できる場を開くというモチベーションに支えられ発展してきた側面が強くあります。そのため、ワークショップを開くと、そこにはサービスに関わるすべての人を——もちろん決裁者（ときに社長）も含めて——参加させることができるようになりました。そのようにして、デザインが一つの考える場としての地位を手に入れた結果、ある企業ではデザインセンターを開設して初めて、その会社のすべての部門の人々が集まることができたという話を聞いたことがあります。

## デザインのプロセスで明文化されていないこと

さて、この一連のデザインの潮流は、その重要性が理解されることで期待がふくらんだ結果——これは多くの流行がそうなのですが——、銀の弾丸のような扱いを受け、やがて懐疑の目も向けられるようになり、最終的にほどほどの成功と失敗を生みながら、ある程度一般的なものとして社会に定着されようとしています。

批判的な観点から振り返ると、デザイン思考が優秀な道具であったとしても、それを表面的に利用しているだけではいい結果は得られないということが、まず挙げられます。またその利用においても、ある種の専門性が必要だとも感じます。結局のところ、時間をかけて観察し、手を動かし、知識を蓄え、アイデアを出しながら考えていくという作業を共同できたとしても、最終的なアウトプットには、物事の良し悪しを判断しながらデザインを形づくっていくという、ものをつくるための専門的な能力が求められるからです。しかし、これはより多くの人にデザインの門戸が開かれ、その仕事に従事する人が増え、経験を積んでいくことで解決できることかもしれません。

もう一つ、問いの立て方に目を向けることで、現時点のデザイン思考でうまくできていないことを挙げられそうです。デザイン思考でよく使われる問いに「How might we~?」という構文があります。これは「どうすれば私達は~できるか?」という問いの構文を完成させることで、プロジェクトで解決すべき課題を定式化するものです。

デザイン思考では観察やリサーチをとおして解くべき課題を見つけていきます。しかし、課題の前提を疑ったり、物事の意味や価値そのものを検討するといったことは、デザイン思考のプロセスの中ではっきりと明文化されていません（補足をすると、それは言葉やツールになっていないだけで、よいデザインのプロジェクトではそのような達成が多くなされてもいます）。

おそらく、その明文化されていない部分こそ、デザインにおいて哲学することが求められている領域なのでしょう。近年、高まるデザインに対する批判の中に、「デザインが資本主義の道具になってしまった」というものがあります。デザインには、どこか目先の売り上げやしがらみといったものを無視して、まずは理想を描くことができるはずなのですが、経営指標を意識したり、定量的に扱える数字を見ていくうちに、その感覚を内在化し、デザインする際に物事の意味や価値を問いなおす機会が減ってきてしまったのかもしれません。

ちなみに、私が哲学研究者とともに仕事をおこなうようになったのは、この領域について哲学的に考えてみたいと思ったことが、きっかけの一つでもあります。

## デザインにおける哲学の領域

では、明文化されていないデザインにおける哲学の領域とはどういうものなのでしょうか。具体的な例を出しながら説明してみたいと思います。

とあるオンラインニュースメディアのデザインを改善する仕事があったとします。そのニュースメディアのトップページをとおして、読者にどのように情報を伝えていくか考えるとしましょう。読者が価値のあるニュースに関心を持ち、効率良く読めるようにすること、もしくはニュースを一覧でき、今日何があったか一目で把握して、価値がありそうなニュースを見つけられることは、これまでのデザインが得意とする領域です。では、価値のあるニュースとは何でしょうか。

ニュースの価値には様々な要素があります。速報性、分かりやすさ、公共性、まだ知られていない社会の課題をとりあげていることなどが、まず挙げられるでしょう。また、殺伐としたニュースが続いた後に、可愛い動物のニュースで心を穏やかにさせたくなるときがあるかもしれません。これらは受け手にとっての価値になりますが、ニュースの送り手としては、さらに記事がそのメディアの持つメッセージを体現していること、（他社がまだ報道していなければ）情報の希少性、記事の制作にかかったコスト、記者の想いなど、さらに多くの要素が加わるでしょう。

デザインの仕事としては、読者がまず記事に関心を持つことや文章が読みやすいこと、そして他の記事にも興味を持ちやすくなることなどを課題として検討していくことができます。しかし、ニュースのトップに速報性の高い記事をそろえるべきか、速報性が高くなくとも読む価値があると感じさせるニュースを並べるべきかという問いに、デザインの観点から答えていくのは一筋縄ではいきません。

この問いについて考えるにあたって、速報性の高い記事と深く読ませる記事をどのように調和させるか考える必要が生まれます。検討をおこなうにあたって、読者が記事を読む様子を観察し、読者の行動に最適化させるという方法がまず考えられるでしょう。読者が速報性3割、読ませる記事7割の配分を好むという統計がとれれば、それにあわせるというのは一つの解答です。しかし、読者の好みにあわせるのが常に正解とは限りません。例えば、もし私の好みにあわせたらトップページが動物のニュースだらけになってしまう可能性がありま す。

おそらく、ニュースには公共的な価値というものがあり、それは社会を見ながら探っていく必要のあるものと考えられます。実際にいくつかのニュースメディアの仕事をした経験からいうと、その価値に対するイメージは記者や編集者がそれぞれ個別に持っており、組織の中でなんとなく共有されてはいるものの、ニュースの価値が何であるか明文化されたり議論されることは、意外と少ない印象がありました。また、このような「ニュースの公共的な価値」について考えようと提案すると「それは個々人の価値観であり、議論をして答えを出すのが難しい。多様な意見をうまく取り入れながらバランスをとるしかない」と断られることもありました。

このような「価値のあるニュースとは何か?」という問いや、社会における規範や倫理にまつわる問いは哲学的に考えていくことで――すぐその場で答えは出なくとも――問題のより具体的な理解や、そのために何をすればいいかなど分かってくる可能性があります。人それぞれの価値観であると思われることも、話していく中で個人の趣向を超えて判断できることや、共通の理解を見出せるのが哲学的に議論することの意義です。そのように理解の解像度が高まれば、そのあとのデザインによる実践もより解像度の高いものになっていくはずです。

まとめると、デザイン思考で扱う、ユーザー体験をはじめとした人間を中心とする考えは、多様な個人の課題を解決したり利便性を高めることはできますが、社会における規範であったり、意味や価値といったことについては、まだうまく議論することができていません。そのようなところがデザインにおける哲学の領域なのでしょう。

とはいえ、近年のデザインの潮流では利便性だけでなく社会における倫理的な課題をどのように解決するかというプロジェクトや、自然環境の保護という観点から人間を中心とすることの悪さといったことも検討されるようになってきています。それはつまり、デザインにおいて哲学的に考えることが求められている状況であるとも言えそうです。

## 哲学におけるデザインの領域

反対に、哲学においてデザインをおこなうとすると、どのようになるのでしょうか。まず、デザインは間違いなく、外部からの要請により何かを成し遂げるという側面において工学に分類される営みと言えるでしょう。それでいうと、哲学における概念工学のプロジェクトは言葉による概念のデザインになります。また、既存の概念を分析し（観察し）、概念の改良を検討する（プロトタイプする）、そして新しい概念の定義を提案し評価をおこなうという概念工学の手順はデザインのプロセスと一致します。

その中で、哲学においてデザインが新しく寄与できることは何でしょうか。デザインは実際のものやシステムをつくることで人々の認識や行動を変える力を持っています（批判的に言えば、良くも悪くも変える力を持っています）。具体的に言えば、駅の自動販売機の上に時計を置くことで飲料の売り上げを上げたり（電車が来るまでの時間があることに気づくことで、飲み物を買うきっかけをつくったり）、スマートウォッチのセンサーとＡＩを用いて、利用者の健康状態を計測し運動を促すといったものです。ときにデザインは探索的にものや仕組みを形づくりながら考えていきます。それは、言葉で仮説や論証を積み重ねていく思弁的な行為とは違い、まず何か具体的なものをつくり、その上でそれが何であるか、どのような概念として捉えられるか、言語的に理解していく営みになります。このような概念の捉え方を哲学に応用できれば、デザインをとおして哲学を拡張できるかもしれません。

具体例を出してみたいと思います。参考までにセルフケアという概念を検討していたとしましょう。今日におけるセルフケアは、１９６０年代から70年代にかけて全米の貧困地域で起こったブラックパワー運動の中で発展してきました。その中で、セルフケアに込められるメッセージとは、「自分自身をケアすることが日常的な革命的実践につながる」というものです。ブラックパンサーのリーダーは投獄中、ヨガや瞑想を取り入れ、出所後も大人と子供のための健康プログラムを作成し各地で実践をおこないました。そしてセルフケアがコミュニティ形成の基礎となることや、精神的な健康を保つことの必要性を提唱したのです。

このような社会的背景を持って発展してきたセルフケアですが、いつしか消費の口実となったり、政策においてはときに自己責任論を強め、福祉の領域を狭めるものとして扱われてしまうという側面があります。哲学的に考えるのであれば、「われわれには、セルフケアする責任があるのか」という問いや、「セルフケアのためにコミュニティはどのような役割を担うべきなのか」という問いが浮かんでくるでしょう。そして、セルフケア概念を構成する要素として、コミュニティを等閑視できないという理論の検討や、自己責任的な解釈が生まれないような定義づけを試みることが可能です。

このようにセルフケア概念を理論立てて検討するにあたり、デザインはそれを実際に社会の中でどのように実装するのか、より具体的な形を与えることができます。そのプロジェクトでは、セルフケアがどのような人に必要とされ、どのようなときに役に立つのか。また、コミュニティにおけるセルフケアをどのように後押しするのか、調査をおこないながら様々なアイデアを考えていくこととなるでしょう。

リサーチは生活史調査や文化人類学的な考察まで範囲が広がるかもしれません。そこからコミュニティをとおしてセルフケアを実践するためのツールやプログラムを考えることになります。それはもしかしたら健康診断や医療における体験、保険のデザイン、会社や地域における制度や福祉の実践などに変革をもたらすアイデアとなるかもしれません。そのように具体化されたものをつくることで、抽象的な議論にとどまらず理論を検証したり、また新たな探求を推し進めていくことが可能となります。

また、人間の認識や行動を変えていくものをつくる上で、新しい概念が生まれることも考えられるでしょう。例えばセルフケアという字面から想起させるのは、個人による自分自身へのケアで、その後ろにある自分自身をケアすることを後押しするコミュニティの姿が見えづらいところがあります。そこで、例えばセルフケアコミュニティという概念を導入することで、ケア実践のあり方がまた変わって見えてくるかもしれません。社会においてセルフケアコミュニティの理解や発展が進めば、セルフケア自体の意味や価値というものがまた変わってくる可能性があります。

このようにして、実際にデザインをおこないながら、概念について検討をすることは、つくりながら考えるという哲学の新しい手法としても捉えることができるかもしれません。

## 哲学とデザインを往復すること

最後にデザインと哲学を往復することは、どのような取り組みと言えるのか考えてみたいと思います。デザインのプロジェクトの中に哲学することを組み込み、様々な課題にアプローチをすること、また、そのプロジェクト自体を哲学的な試みと考えることは、「社会をとおして哲学する」という哲学の実践形態の一つだと私は捉えています。

一方で、このようなプロジェクトの進め方は、ただ「デザインにおいて哲学する」ということや「哲学においてデザインする」といった形を超えて、お互いが共同することで生まれる、それぞれの領域から逸脱した新しい哲学の仕方やデザインの方法とも考えられるかもしれません。そのような取り組みは、哲学とデザインがそれぞれ単体でうまく扱えなかった課題を対象にし、それに対して新しい探求や問題解決の手段を与えることができそうです。

この本で提案するところのメタフィジカルデザインとは、デザインと哲学が混ざり合うことで、対象とされるものにどのような意味や価値があるのか、それはどうあるべきなのか、そしてそれがどのように実在できるかを問い、その中で新しい形や概念をつくりながら探求していくことです。

メタフィジカルデザインのプロジェクトは、私達の物事に対する認識や慣例に対して「本当にそうだろうか?」と前提を疑いながらリサーチするところから始まります。そして、仮説をもとに実際にものをつくりながら検証をおこないます。その過程では、実際につくられたものをとおして仮説の正しさを確かめたり、また、想像と違う結果が得られたとしたら、テーゼ自体を疑い直すことになります。メタフィジカルデザインとは、このようなデザインを媒体とした哲学の進め方、または哲学的な切り口からおこなわれるデザインを指します。

このように哲学とデザインが合わさることで、デザインは見た目や形、体験以外に、物事の意味や価値そのものといった、より抽象的なものをうまく扱うことができるようになり、哲学は実際に見たり触れたりできる具体的なものを媒介に、論証や問いかけをしていく手段を得ることができるでしょう。また、こうした取り組みにより領域が広がることで、哲学はより社会の課題と関わりやすくなる可能性があります[※4]。その領域の広げ方は、デザインが社会において対象となる領域を広げていった流れが参考になると私は考えています（実を言うと、その直感が働いた結果、哲学とデザインをつなげてみようと思ったという経緯があります）。

さらに大胆な仮説を立てるとすると、デザインにおける哲学でも、哲学におけるデザインでもない第三の道として、哲学とデザインが融合した新たな取り組みが生まれる可能性があります。近年、哲学研究において、論証をおこなうことの他に、概念や理論を表すモデルをつくり議論を進めることに注目が集まりはじめています。ここで言うモデルとは、現実世界そのものを表すものではなく、現実の問題を理解するために役立つ構造を表したものです。[※5] そのモデルの媒体として、デザインを捉えることができるのではないでしょうか。

デザインは実際におこなわれている人々の営みをモデル化し、それに形を与えることで現実に介入していきます。例えば、コミュニティ通貨をデザインするときにモデル化するのは、人々がおこなう「取引」という営みです。[※6] その中で「私達にとって取引とは、金銭と商品やサービスの交換だけなのか」と問いを立てることで、モデルとなるデザインを更新しながら、より良い取引を模索していくことができるのではないでしょうか。自然科学におけるモデルは、万有引力の公式のように現実世界の予測や再現に使われますが、哲学におけるモデルは、対象となる現象をよりよく理解するためにつくられます。このデザインを媒体としたモデルはその中間に位置するようなものかもしれません。

※1 効率的に動力を生む風車のプロペラのデザイン、といったように「もの」と「もの」の関係性をデザインすることもあるのですが、ここでは「人」を中心としたデザインを対象に話を進めています。

※2 当時、Adaptive Pathというユーザー体験デザインの発展や普及に大きく貢献したデザイン会社を訪問し、オンラインメディアにレポート記事を書く機会がありました。
〝ユーザーエクスペリエンスのadaptive path 訪問記〟@IT
https://atmarkit.itmedia.co.jp/ait/articles/0904/23/news122.html

※3 一般的なデザイン思考では、プロセスを五つの段階（共感／問題の定義／アイディエーション／プロトタイプの作成／テスト）に分けてサービスやプロダクトのデザインをおこないます。

※4 概念工学の議論の中に「哲学研究において概念を工学したところで、実際の社会に影響を与えることができるのだろうか。実際のところ、哲学と哲学周辺で扱われる概念しか工学できないのではないか」というものがあります。
「Conceptual Engineering: The Master Argument」Herman Cappelen.
https://academic.oup.com/book/36673/chapter/321701272

※5 哲学におけるモデル構築については、次の論文に詳しく書かれています。『Model-Building in Philosophy』Timothy Williamson ,2017.

※6 カヤックが運営する「まちのコイン」というコミュニティ通貨サービスのＵＩ／ＵＸ設計を行ったことがあります。そのプロジェクトでは、取引することで生まれる「人と人のつながり」より「人と場所のつながり」を重視することや、「金銭以外の多様な関わり方を増やす」という方針を検討し、サービスデザインに反映していきました。

# 哲学的発想術

デザインのプロジェクトをはじめ、社会の様々な場所において——最近は「問いを立てる」ことに対する注目度が上がっているとはいえ——依然として新しい発想、アイデアが求められています。そこで、本節では、哲学とアイデア（発想すること）の関係について考えてみたいと思います。「社会をとおして哲学するとはどういうことなのか？」という議論から少し離れてしまうかもしれませんが、アイデアを哲学的に考える方法が見つかれば、社会をとおして哲学することのヒントになりそうです。

話を始めるために、オーストラリア出身のアーティスト、シンガーソングライターのネイ・パームが、ある楽曲のアイデアを発想した背景について語った、以下の発言を引用してみます。

「私は物事の差異よりも、類似点を見つけるのに長けているから。」

『Jazz The New Chapter 5』33ページより引用

この言葉を取り上げたのは、私が次のような仮説を考えているからです。それは「アイデアとは、物事の類似点を見つけ新しい組み合わせを発明するものであるのに対し、哲学的な思考とは、物事の差異を見つけ概念を明確化し、なにがしかの理論をそこに見出すものである」というものです。

もちろん、アイデアを考えるときも、哲学的に考えるときも、類似点を見つけることと、差異を見つけること、どちらかの行為だけがおこなわれるわけではないでしょう。アイデアを考えるときに差異に気づかされることや、哲学的に考えるときに類似点に注目することもあります。しかし、それぞれの考え方に挑むときの態度に目を向けると、アイデア発想は類似化し引き付け合っていくことを、哲学的思考は差異化し厳密にしていくことを重視しているように見えます。

というのは、この態度の違いを理解しないがために、どうにも議論がうまく進まないという現場に、私はよく遭遇してきたからです。例えば、アイデア発想の場において、何か新しい視点を与えてくれるかもしれないと、哲学研究者に参加してもらったものの、みんながすでに知っていることを理論的に説明するだけで——それはそれでためになる話なのですが——、振り返ってみると特にこれといった新しい発想に結びつく発見がなかったと感じたり。もしくは、社会問題のテーマとなる概念について哲学的に考えようとする場にアイデアパーソンが参加し、みんなが概念の定義を真剣に検討している際に、ゆるい概念理解で場を混乱させてしまったり（実を言うと、私が混乱させてしまうケースがとても多いです）。

哲学的に考えるときの態度とアイデアを発想するときの態度は、実際どのように違うのでしょうか。まずは、哲学的な態度で考えていきたいと思います。また、哲学的思考とアイデア発想における態度の類似点を検討することで、もしかしたら新しい哲学的な発想術を見つけられるかもしれません。はたして、相反すると仮定している「哲学的に思考すること」と「アイデアを発想すること」を、うまく組み合わせていくことができるのか。もし、そのような「哲学的発想術」のアイデアがあるとしたら、それも探求してみたいと思います。

## アイデアの基本原理

そもそもアイデアはどのような思考から生まれるのでしょうか。アイデアについて書かれた本は数多くありますが、中でも歴史的名著とされているジェームズ・ウェブ・ヤングの『アイデアのつくり方』では、アイデアを発想する基本原理を次のように示しています。

・アイデアとは既存の要素の新しい組み合わせ以外の何ものでもない
・既存の要素を新しい一つの組み合わせに導く才能は、物事の関連性をみつけ出す才能に依存するところが大きい

ジェームス・W・ヤング『アイデアのつくり方』28ページより引用

この本が驚くほど薄いのは、アイデアを説明するのにこれ以上書くことがなかったからでしょう。私は仕事柄、これまで多くの企画書や提案書を書いてきたのですが、この基本原理

は実感をもって正しいと感じられるものです。また、ＫＪ法やマインドマップといったアイデア発想法は、どれもテーマに対する要素を洗い出し、それらを組み合わせる手段のバリエーションとも言えます。

何か企画を考えるとき（新規の事業でも、広告表現でも、レストランの看板となる料理のレシピでも）、冴えたアイデアというものは、今まで試されることのなかった組み合わせ、ときに一見全く関係ないものを組み合わせることで生まれます。また、何らかの問題を解決しようとするプロジェクトにおいても（売り上げ向上の施策でも、慢性的な人員不足の対策でも、宇宙船事故の対処でも）、利用できるアイテムや手段をならべ、それらを組み合わせながら課題を解決する方法を探っていきます。

ヤングは、このような組み合わせによるアイデア発想法は、必ずしも誰もが使いこなせるものではないと語っています。というのも、このアイデア発想法を使いこなすには、基本原理の二つ目で挙げられている「物事の関連性を見つけ出す才能」が必要となってくるからです（私なりの補足をすると、ヤングはこの能力を才能と表現していますが、私はこれを生まれ持った才能ではなく、訓練と努力で身につけられる能力だと思っています）。

私達は物事の関連性を見出すとき、そこに同じ構造であったり、同じ要素の存在に気づきます。このことから、アイデアを考えるとき――物事の関連性を見つけようとするとき――に類似点を見つけていく能力が重要であると言えるでしょう。そのためには、「類似点を見つけていこうとする態度」が必要となるはずです。

冒頭で紹介したネイ・パームは「類似点を見つけるのが得意である」と語っています。つまり、類似点を見つけることで楽曲のアイデアを発想することに長けているのでしょう。実際に彼女は、いくつかの曲から意外な類似点を見つけ出し、鮮やかなマッシュアップ作品を制作しています。[※1]

## 哲学的に考えることと、アイデアを考えることの違い

では、哲学的に考えるときはどうでしょうか。これまで、問いを立てたり、概念を工学することを通じて哲学的に考える方法を紹介してきました。振り返ると、私達は哲学的に考えるとき、対象となるテーマに対して問いを立てながら、最終的にそれがどのようなものか、

またはどのようにあるべきかといったことを探り当てようとしてきました。そのときに必要となるのは、テーマや要素となるものの差異を見出すことで輪郭をはっきりとさせ、概念を明確化していく能力です。つまり、哲学的に考えるときは、類似点を見つけるより、一見似ているように見える物事の間に差異を見出して分けていく作業が中心になるということです。例えば、「幸せ」という概念を考えるとき、「主観的に幸福と感じること」と「社会において幸福と見なされていること」の違いに目を向けようとしたりするでしょう。そのとき必要なのは「物事を差異化し、厳密にしていこうとする態度」です。これは、アイデア発想における「類似点を見つけていこうとする態度」とは反対の姿勢です。

この二つの態度の違いについて考えようとするとき、私がどうしても気になるのは、アイデアを発想しようとするとき、非言語的な直感でもって類似点を見つけようとすることが多いのではないかという点です。一方、哲学とは基本的に言語を駆使して考えていく行為です。それに対し、アイデアを発想する力はどこかしら非言語によって考える力が試されているような気がします。このことを私の経験から説明しようと思います。

これまで数多くのアイデアワークショップを開き、参加した人々とアイデア発想を試みてきました。しかし、（思い切った内容なので勢いで書いてしまうと）よいアイデアが出てくる確率は決して高いとは言えませんでした。そのため、ワークショップでよい成果を得られなかったときは、次の打ち合わせまで一人でうなりながらアイデアを追加し、最終的な企画に仕立て上げ、提案書をつくる必要がありました。

「そもそも、みんなでアイデアをうまく考えていくことはできるのだろうか」と悩み、発想力に長けた友人や同僚に相談をしてみると、大抵の人が「一人で考えた方がよいアイデアが生まれる」と答えます。「実はブレインストーミングといった企画会議に参加するのが苦手だ」という意見も多く聞きました。どうもみんなと一緒に話し合いながらアイデアを出すと、自由に考えることが難しいようです。

その後、様々な発想法やプロセスを試したり、ときにツールを作成してみたものの[※2]、大きな改善は見られず、最終的にアイデアワークショップの構成を変えることにしてみました。その構成とは、事前に各人が一人で考えたアイデアを持ち寄り、ワークショップではお互いのアイデアを補強したり評価しあうというものです。そうすると――事前準備のため各人の負担は増えるのですが――いいと思えるアイデアの数が目に見えて増えるようになりました。

なぜ、一人で考える方がよいアイデアが出るのでしょうか。この問いには、次のような答え方ができると思います。アイデアとなる既存の要素の新しい組み合わせについて検討するとき、その新しい組み合わせが成立するか、または何らかの可能性を感じられるものであると認識できるかは、個人の中にある経験や知識にかかっています。そして多くの場合、それらの経験や知識といったものは言語化されていません。また言語化されていたとしても、そのような経験や知識をまるごと人と共有するのはなかなか大変な作業であったりもします。

何か個人の経験や知識の中でいい組み合わせであると感じられる閃きがあったとしても、なぜその閃きが優れているのかを説明することは、なかなか難しいときがあります。もし、誰かにその素晴らしさを理解してもらおうとしたら、アイデアをより具体的なものにして、イメージしやすくする必要があるでしょう。この閃きを説明できるように言語化していく作業は、一人で行う方が進めやすいのかもしれません（もしくは何を言っているか分からない人の話を、辛抱強く聞いてくれる相手がいればよいのかもしれません）。ちなみによいアイデアがときに賛成の数と同じくらい否定的な意見を引き起こすのは、まだうまく説明されていない新規性がそこにあるからとも考えられます。

このようにして提案されるアイデアはときに、例えば、料理であれば「ワッフルの上にフライドチキンをのせて、上からメープルシロップをビタビタにかけると悪魔的に美味しい」といったようなもので、とても感覚的なものです。実際にそれを食べて、どんなふうに美味しいかは言語化できるけれど、食べる前に説明することは難しいでしょう。このような体験や感覚に依拠するアイデアは、言葉で説明するだけでは良さが伝わりづらいときがあります。

もちろん言葉による説明で、その良さを説明しやすいアイデアもあります。例えばいくつかの課題解決を同時におこなうようなアイデアが挙げられるでしょう。ＡＥＤの利用率を向上させるためのスマートフォンアプリを検討していたとします。ここで考えるのはＡＥＤの課題と、スマートフォンで解決できることの組み合わせです。アイデアとして、ＡＥＤの使い方を学べるアプリを作成し、それをインストールすると、近くのＡＥＤの蓋が開いたときに通知が飛んでくるという仕組みを思いつきます。このアイデアにより、ＡＥＤの使い方を知っている人が即座にかけつける（実際にはＡＥＤの使い方は本体に書いてあり、誰でも使うことができるのですが）ということと、ＡＥＤに対する理解を普及させることができるでしょう。[※3]これは確かに、言葉で説明してもよいアイデアと思えそうです。しかし、はたしてこの仕組みが成立するか、実現できるものとしてイメージを思い描けるかは、技術的に実装できるかや、現場に導入され人々が使う様子を思い描けるかといった――ときに言語化されていない――個人の知識や経験による推論が必要とされます。

話をまとめてみましょう。アイデア発想における「物事の関連性をみつけ出す才能」とは、ただ要素を組み合わせればよいということではなく、そこに可能性や価値を見出し、そのアイデアが実現することで新しいものが生まれると想像できる能力です。そのためには、多くの知識や経験をもとにアイデアが形になった状態をイメージすることで、そのアイデアがいいという裏付け、信念を形づくっていく必要があります。しかし、ときにこのような思考は言葉による説明が難しい場合があります。多くのアイデアの提案は、実際に動くものや、完成形に近いイメージを見せることで、はじめて人に伝わります（実際に、私も提案では企画書とともにプロトタイプを作成し、それで説明していくといったことも多くおこなっていました）。なぜ、このような難しさが生まれるかというと、類似化は発想を飛躍させることがあり、その飛躍の説明に困難がつきまとうからでしょう。一方で、差異化はあるものからあるものを分けていく作業のため、飛躍的になることは少ないのかもしれません。これが、哲学的な思考とアイデア発想の大きな違いと言えそうです。

## 哲学的発想術を探る

ここまで「哲学的に考えること」と「アイデアを考えること」の差異を説明してきましたが、もしこの二つを組み合わせた「哲学的発想術」というものがあったとしたら、はたしてどのようなものになるでしょうか。ここからは——アイデア発想の態度をとって——哲学的に考えること」と「アイデアを考えること」の類似点から探っていきます。

気になるのは、ときによいアイデアは、そもそもの課題やテーマとなる概念を捉え直し、再定義しているところです。例えば「エレベーターの待ち時間が長い」という課題があったとき、エレベーターごとに止まる階数を制限するよう運行プログラムを変更し、待ち時間を短縮するのではなく、扉の横に鏡を置き、待ち時間を身だしなみを整える時間に変えるというアイデアは、課題の対象を物理的な待ち時間から、ただ待っていると感じる主観的な時間へと変えています。
アイデアを考えるとき、最初から「さぁ、まずは前提を疑ってみよう」とか「テーマとなる概念を再定義してやろう」と考えることはあまりない印象があります。どちらかというと、アイデアを考えていくうちに、気づいたら前提を疑うことになっていたり、出てきたアイデアが既存の概念を再定義していると、後になって気づかされることが多いと感じます。例えば「ピーナッツバターも調味料のようなものなので、料理に投入してみよう」とか「本屋とレコードショップは、なんとなく似ているのでレコードのように本を売ってみよう」と、要素を類似するものに見立てるうちに、無意識に前提を疑ったり、概念の再定義をおこなうきっかけを生み出すようなイメージです。

では、はじめから前提を疑ったり、概念を再定義することに意識的な、哲学的態度でアイデア発想に挑んでみるとどうなるのでしょうか。もちろん、よいアイデアが必ずしも前提を疑ったり、概念を再定義したりするものであるとは限りません。ただ、哲学的に考えることで前提を疑い、概念を再定義することは、アイデア発想において組み合わせるべき要素を増やし、物事の関連性を見出すきっかけとなります。このように考え、私は先ほど紹介したアイデアワークショップに、哲学的に考える工程を取り入れてみることになりました。

実はそれが、これまで紹介してきた「問いを立てるワークショップ」です。実際にアイデアを出す前に、対象となるテーマについて対話をしながら様々な問いを立てていくことで、参加しているメンバーがテーマとなるものの意味や価値について考え、そもそもの前提を疑い、課題を捉え直しやすくなります。この工程をふむことで、組み合わせるべき新たな要素を発見したり、テーマに対する深い理解を得られるようになります。実際に、アイデアワークショップをおこなう前に、問いを立てるワークショップをおこなうことで、その後に出てくるアイデアは課題をうまく捉えたものが目に見えて増えるようになりました。

さらに、「概念工学ワークショップ」を開催し、テーマやアイデアに関連した概念――コンセプトといった方が伝わりやすいかもしれません――についての議論もおこなってみました。例えば、まちづくりのプロジェクトでは「余白」という概念を考えたり、ニュースメディアのデザインにおいては「ニュースの公共的な価値」といった概念の検討をおこないました。概念工学ワークショップをおこなうことで、具体的なものとして捉えることのできない抽象的な意味や価値を、より多くの人と深く議論できたことは大きな発見でした。

このように「問いを立てるワークショップ」と「概念工学ワークショップ」を経た上で、それぞれが考えたアイデアを持ち寄ると、これまでに比べバリエーションが多様で、豊かな発想が集まるようになっていきました。そこには、ただの思いつきではなく、「よく考えられたアイデア」と言われるような知的な考察と、それでいて凡庸ではないひらめきに裏打ちされたアイデアが多く含まれています。

これらの経験から、哲学的に考えることとアイデア発想を交互に行うことで、よりよいアイデアに近づけると気づくことができました。冴えたアイデアは、差異を見出し、類似点を見出し、ときに抽象的に、そして具体的に、言語と非言語を飛び越えながら生まれるのかもしれません。

## 差異化と類似化の違いを体験するレッスン

哲学的発想術をおこなうために、差異を見つけていくことと、類似点を見つけていくこと。この二つの思考法を使い分けるのは、意外と難しいことなのかもしれません。多くの人は、得意な思考がどちらかに偏っていたり、思考を切り替えるのに苦労する印象があります（実際に私も苦労しました）。そこで、この二つの思考の違いを体感し、使いこなすためのレッスンを考えてみました。

### ステップ1：対象を一つ選ぶ

レッスンのために考えていく対象を一つ選びます。具体的なものでもいいし、抽象的な概念でも問題ありません。たまたま目にしたもので十分です。（例：コーヒー、未来、たまたま目にしたドアノブの形状）

### ステップ2：差異を見つける

ステップ1で選んだ対象に似ているもの、代用の利くもの、よく混同されるものを書き出していきます。続いてそれらの差異を探してみましょう。そのもの自体が持つ違いだけでなく、使われる場所の違いや、経験したときの違い、また微妙なニュアンスの違いといったものまでを言語化していきます。（例：コーヒーとお茶の違い、未来と先行きの違い、バー状のドアノブと円筒形のドアノブの違い）

### ステップ3：共通点を見出す

ステップ1で選んだものを対象Aとして、それとは別にもう一つ、ランダムに引いた辞書の単語でも、次に目についたものでも何でもいいので、全く関係のないものを対象Bとして選びます。それらの共通点を見つけ、そこから何か言えることを探してみましょう。例えばコーヒーと、テレビにたまたま映っていたツキノワグマの共通点を見つけるとすると、どちらも黒いところ、温かそうなところが似ており、またそれらの要素は、何かしら眠りとの関連性があるのかもしれないと考えてみます。

ステップ1からステップ3までを繰り返しながら、差異を見つけていく思考と、類似点を見つけていく思考のそれぞれに慣れ、必要に応じて切り替える練習をしてみましょう。ちなみにこのレッスンは、私が哲学的な議論をうまくできなかったときや、それに慣れると今度はアイデアが全く出てこないという経験をした際に編み出した練習法です。

## 問いはアイデアなのか？

最後に、もう一つ気になることがあります。それは、「そもそも問い自体がアイデアなのではないか」というものです。

うまく考えることができないと思われた難問に対して、思わぬ角度から問いが差し出されることで、言葉があふれ、考えていくための糸口が見つかっていくことがあります。そのような問いは、まだうまく言語化できていないことをどのように捉えることができるか、自身の経験や知識を参照しながら考える場所を探っていくことで見つかっていきます。テーマに対して考える地点や考え方を組み合わせていく作業とも呼べるでしょう。問いを立てることのうまい哲学者は、ある種のアイデアパーソンとも言えるのかもしれません。

よい問いは人々の共感を呼び、考えてみたいという気持ちを起こさせます。よいアイデアが人々の想像力を喚起し、さらなるアイデアを呼び起こすことに近い現象です。冒頭のネイ・パームのインタビューでは「私は物事の差異よりも、類似点を見つけるのに長けているから」という言葉のあとに「私は常に直感に従ってる。下手に計算したり、入り組んだアイディアは避けなければいけないとも思う。機械的になってしまうから」と言葉が続けられています。彼女が伝えるのは、感情を起点に自身の感覚を見失わず考えていくことの大切さです。共感を得られるアイデアや問いを考えるためには、「なぜ、このアイデアや問いがよいと感じられるのか」という感覚を持ち続け、研ぎ澄ますこともまた必要と言えるでしょう。

※1　ネイ・パームのソロアルバム「Needle Paw」の「Blackstar / Pyramid Song / Breathing Underwater (feat. Amadou Suso)」という楽曲では、David Bowie、Radiohead、自身が所属するバンドでもある Hiatus Kaiyote の楽曲がマッシュアップされています。

※2　実のところ、筆者はアイデア発想のためのツールをいくつか開発した経験があります。発想のための iPhone アプリ、インタラクティブな会議室、一人でブレストするためのツールなど。

※3　このアイデアは、ロンドンの救急サービスとして Nesta が考案したものとして実在します。https://www.nesta.org.uk/project/centre-social-action-innovation-fund/centre-for-social-action-innovation-fund-digital/

## 社会をとおして哲学する

最後に「社会をとおして哲学すること」について考えてみたいと思います。この本の「はじめに」で、私は「生活や仕事といった日常の中で気になる問いを見つけ、哲学していくことは、最終的に私達の手の中から新しい社会をつくっていくことにつながる」と書きました。そして、本章では、メタフィジカルデザインという言葉で言い表される営み――哲学とデザインを往復したり、融合した営みがどのようなものになるか――についても説明してきました。

では、このような取り組みが、なぜ「社会をとおして哲学すること」になるのか、そして「新しい社会をつくること」にどのようにつながるのか、今一度「哲学するとはどういうことなのか」と、振り返りながら検討したいと思います。

なぜなら、概念工学にはじまり、哲学的にアイデアを発想することや、デザインと哲学を横断する営みについて考えていると、どこまでが哲学で、どこから哲学でないのか、その境界が今一つ分からなくなってくるからです。

哲学とは問いを立て、それに答えていくことで何かしらの理論や新しい理解を導き出す営みです。またその営みにおいて、問いの妥当性や意義を検討し、その答えがいかにして正しいと言えるか理由づけもおこないます。なので、ただ海や山に向かって「存在とは何か⁉」と大声で問いを叫んだところで哲学をしたことにはなりません。また、「前提を疑い、概念について考えを深めること」は哲学的な行為と言えますが、例えば、立ち食い蕎麦に椅子を並べて「座って食べられる立ち食い蕎麦」という新概念を提案したところで――柔軟なアイデア発想ではあるけれど――、ただちには哲学的に考えたとは言えないような気もします。

## 哲学的な問いへの答え方

これまで書いてきた通り、私が哲学に関心を持ったのは哲学的な問いの立て方に興味を持ったことがきっかけです。そのため、問いをテーマとした哲学雑誌をつくったり、問いを立てるワークショップを企画する中で、「問いとは、何なのだろうか」と考えてきました。問いが面白く感じられるのは、問いを立てることで専門的な知識や立場を超えて多くの人と話しあうことができること、簡単に答えの出せないような問題についても考える糸口を見つけられること、自分のしていることを問いの形にすることでより探究的になれること、今まで考えたこともなかった側面から新しい可能性を考えられること、などなど。挙げていくとキリがないかもしれませんが、このような理由から哲学的に問いを立てることはとても興味深く感じられます。では、問いを立てた先にある、哲学的な答え方とは、どのようなものでしょうか。

哲学では、主に論証をおこないながら、問いに対して「現時点で確かだと言えそうなこと」を見出しながら理論を形づくっていきます。その際に、演繹法や帰納法、思考実験といった論証をおこなうための手段が伝統的に使われてきました。しかし、ここでは論証をおこなう手段として、哲学で一般的に採用されていない方法についても検討してみたいと思います。ただ、少し気になるのは「答えを出す方法が変われば、もはやそれは哲学とは別の分野の考え方になるのではないか」と批判できてしまうところです。

例えば「1＋1は、なぜ2になるのか」について数学的な方法をもって回答すればそれは数学になるし、「貨幣とは何か」について多様な民族の商取引を観察して答えれば、それは文化人類学です。「時間とは何か」という哲学的な問いも理論物理学の知識から答えていくことができます。歴史的に見れば、問題に答える手段によって様々な学問——数学、物理学、文化人類学など——が哲学から枝分かれしていったという経緯があります。その中で、哲学的な手法とは、言語による論証を積み重ねながら普遍的な真理を導き出したり、概念の分析や改訂をおこなうことが一般的です。そのような認識に立てば、答え方が変わることはつまり、哲学とは違う行為をしていることになるはずです。

しかし、本書の中ではあえて、手段がどのようなものであっても、哲学的に問いを立てることと、その問いに対して答えを与えることを包括して「哲学的に考えること」と捉え、哲学的な答え方を拡張していく方向を探ってみたいと思います。

## 哲学的に答えようとするときにおこなっていること

そもそも哲学的に答えを与えようとするとき、何をしているのでしょうか。一般的なイメージからすると、哲学では、まず問いの前提や命題の正しさを検証します。例えば、環境保護を科学的に検討した場合、どのようにして温室効果ガスの排出を低減するか、生物の多様性をどのように保全できるか、ということを考えるでしょう。一方、哲学においては、その前提となる「環境は保護するべきである」という命題の正しさから検討を始めます。なぜ環境を保護する必要があるのか、人間は環境に対してどのように責任を持つべきか、自然に権利はあるのか、このような問いを立て、それに答えるための概念の整理（「自然の権利」など）をおこない、「環境はいかにして保護するべきであるか」と理由や根拠の体系をつくっていきます。このように概念や理由、そしてその根拠となるものが整理されることは、科学的に「生物の多様性をどのように保全できるか」と考えるとき、また環境保護を社会的な取り組みとして実践していく上で重要な基盤となっていきます。

ここで注意したいのは、哲学的な問いを前にして、哲学的でない答え方ができることです。例えば「社会的責任を果たすために、デザインは何をするべきか」という哲学的な問いに対して、「より多くの人が便益を得られるように、アクセシビリティのガイドラインを順守するべきだ」と答えてみたとしましょう。確かにアクセシビリティを意識することは、デザインが社会的責任を果たす際の重要な観点です。しかし、アクセシビリティのガイドラインを順守すれば、社会的責任をすべて果たしたことになるのでしょうか。より哲学的な答え方を試みるとしたら、「そもそも、デザインすることにおいて、どのような責任が発生しうるのか」「デザインはどのようにして、社会的な責任を果たすことができるのか」といった問いを新しく立てながら、考えていくことになります。このように、哲学は問いに対して答えようとするとき、その命題が前提にしていることや、中心となる概念の定義、また、答え方が適切であるかなど、様々な事柄の妥当性について、新たな問いを立ち上げながら考えていきます。

また逆に、哲学以外の分野において、哲学的な答え方を検討することもあるでしょう。先ほどの例で言うと、実際のところ、デザインする上で「社会的責任を果たすために、デザインは何をするべきか」という問いに対して「そもそも、デザインにおける社会的責任とは何か」と考えることなしに答えを探すのは、なかなか困難なことです。また、数学において

「無限大とは何か、そしてそれを数学においてどのように扱えばよいか」と考える際に、無限という概念の実在性を疑うこともあるでしょう。

ここで私が言いたいのは「数学やデザインをしているので、哲学をしているわけではない」ということではなく、「数学やデザインをすることと哲学することが両立可能である」ということです。そのように考えていくと、哲学的な答え方とは、問いの中で扱われている概念の本質を考えたり、より普遍的なものを参照しながら答えを導いていこうとする態度にしか表れないのかもしれません。

## 新しい哲学の方法

哲学的な答え方が問いに向き合う態度に基づくのだとすれば、哲学的な答え方とは「言語による論証を積み重ねていく」という伝統的な手法に限らず、もっと他の手段が存在することになります。実際のところ、近年の哲学研究では、伝統的な手段に加え、新たな方法を取り入れようとする試みが増えているという事実があります。

例えば、「実験哲学」と呼ばれる哲学の分野は、新しい哲学の手法に挙げられるでしょう。「あらためて問いとは何だろうか」で紹介したラニ・ワトソンは、アンケート調査結果を踏まえ、私達の日常において「問い」がどのように認識されているか探究をおこない、最終的に「問いとは、情報探索の行為である」という答えを導き出していますが、これはまさに実験哲学と呼ばれる手法です。実験哲学は一般の人に向けたアンケートなどでデータを収集し、例えば「知識とは何か」といった哲学的な問いを考えていくための手がかりとしています。もちろん、アンケートの回答結果が直ちに答えになるわけではありません。収集したデータはあくまで材料として、そのうえで私達がどのように物事を認識しているか、直観しているか、より普遍的な理論を打ち立てたり、考えるべき問いを見つけ探究をおこなっていきます。[※1]

実験哲学以外にも、「心の哲学」と呼ばれている分野では「心とは何か」、「意識とは何か」といった問いを考えるために、認知科学、神経科学、人工知能の研究を応用しています。実験哲学も心の哲学も、従来の哲学ではおこなわれなかった方法で哲学の問いを検討していく営みだと言えるでしょう。

このような変化における一番の転換点は、哲学の分野でも、問いに答えるために調査や実験をおこなうようになってきたということです。その背景にあるものとして、哲学を取り巻く環境や考え方の移り変わりが挙げられます。諸科学が発展することにより、哲学的な問い——例えば「意識とは何か」といった問い——に対して、科学的な成果でもって、より解像度の高い回答を得られるようになってきたことや、哲学の論証において参照される哲学者の直観——経験的事実に基づかず、物事を判断したり洞察すること——が、はたして普遍的なものであるか、疑問が呈されるようになってきたことが原因と考えられています。[※2]

このような、哲学で採用される手法の変化から言えるのは「哲学的な答え方は、必ずしも言語による論証に限るものではない」ということです。

## Xをとおした哲学

哲学的な問いに答える新たな方法を紹介してきましたが、答え方に限らず、そもそも哲学をおこなう媒体自体が、これまで一般的に哲学がおこなわれてきた論文や議論の場以外にも、もっと多くあるのではないか、という検討も近年多くされています。それは、媒体が変わることで問いのあり方にはじまり、そもそも議論の対象となるもの、そして問いに答える方法といった哲学のプロセス自体が変わってくるというような見方です。

そのような哲学の捉え方について、「Xをとおした哲学」という表現のもと議論が盛んにおこなわれています。このXには、映画であったり、音楽であったり、テクノロジーやファッションなど、様々な言葉を代入できます。つまり、「Xをとおした哲学」とは、Xを媒体とした哲学の総称です。例えば、「映画をとおした哲学」では、映画において、映画ならではの手段で哲学することを言い表します。もちろん「哲学論文の代わりに映画を撮影してみよう」と考え、脚本を描き始める人はそんなに多くいないと思いますが、映画を制作する上で哲学的な問いに向き合い、哲学的な態度でもって何らかの答えを導こうとすることは実際にありそうです。

例えば、ゴダールは映画を「思考するフォルム」と呼び、私が思考するのではなく、映画自体が思考するのであるといった内容の発言をしています。これはかなりラディカルなゴダールらしい表現ですが、少なくともゴダールは言葉より、音と映像——映画——で考えることを重視していたと言えるでしょう。[※3]ゴダール作品のように難解な映画に限らず、実際に映画の中で哲学的な問いや、その問いに答えようとする作品は多く挙げられるでしょう。例えば、ショーン・ベイカーによる『フロリダ・プロジェクト 真夏の魔法』という映画では、モーテルで暮らすシングルマザーとその娘の日常をとおして貧困と責任についての問いが投げかけられます。また同じく、A24によって制作された『エブリシング・エブリウェア・オール・アット・ワンス』では、価値観の違う家族と、どのように愛情を持った上で距離をとるべきかという、普遍的な問いに対し一つの見解を示しています。

「映画をとおした哲学」に対する反論としては、「映画で表現されることが最終的に言葉に還元されるのであれば、それは既存の哲学の領域に含まれるのではないか」という主張が挙げられるでしょう。[※4]確かに映画は映像やストーリー、人物によって、ある哲学的な立場を指示する根拠や、概念(「貧困」や「親子の愛情」など)を明確化する手助けをしてくれますが、映画ならではの哲学がそこにあるかというと、あくまで補助的なものという気もしてきます。これらの作品は、解像度の高い思考実験や、哲学的に考える際に取り上げる事例のひとつと言ってしまうこともできるからです。

しかし、フィクション以外のものに目を向けることで、この「Xをとおした哲学」の実在性について、よりよい説明ができると私は考えています。例えば、ファッションデザインにおいて「ファッションとは、人体のシルエットの拡張である」という命題を持ち、作品をつくりながら、はたしてそれがファッションの本質であるかと考えることは、ファッションならではの、ファッションをとおした哲学といえるでしょう。また、より現代的な視点でファッションを捉えようとすれば「ファッションにおいて、人体のシルエットを記号と捉え操作することは、何をしていることになるのか」と問いを立て、さらに探求していくことも可能です。このような探求は、実際に手を動かしデザインすることなく、言語による論証で推し進めていくことは難しいことでもあります。

## 社会をとおして哲学するということ

ここまでの議論をまとめてみましょう。哲学的な答え方とは、問いに向き合う態度に基づくものと考えられます。そこから言えるのは、哲学的な答え方は手法が規定されるものではなく、哲学において伝統的に採用されている言語による論証に限らないということです。また、哲学的な答え方に限らず、そもそも哲学する媒体自体が、これまで哲学がおこなわれてきたと考えられる媒体——論文や議論の場——とは異なる媒体でもおこなうことができる可能性があります。

以上を踏まえて、最後に『「社会をとおした哲学」』があるとしたら、それははたしてどのようなものになるのか」という問いを検討してみたいと思います。

「社会をとおした哲学」を考えることは、自分の生活や仕事として表れてくる社会を前にして、その社会の営みの中で哲学的に考えていく方法を探ることになります。先ほど「Xをとおした哲学」の例として挙げたのは、映画やファッションデザインといった特殊な事例でしたが、哲学的な態度で向き合えば哲学をおこなう媒体——Xをとおした哲学——と考えられるものは社会の様々な場所にあります。例えば、会社の福利厚生や育児休暇の制度を考えることは、仕事がどうあるべきか、それを支える環境がどうあるべきかを考えることになります。実際に制度や環境を変えていく中で、仕事についての問いや、そもそも育児休暇を休暇という概念にくくってしまってもいいのかと哲学していくことができるでしょう。

また、医療や介護の現場においては、ケアと自律の関係や、ケアする人に対するケアの必要性を考えることもあるでしょう。もっと気軽な例を出すとしたら、写真を撮りながら「思い出とは何か」と考えることもできるし、写真の撮り方や鑑賞の態度次第で思い出の新しい側面を探ることができるかもしれません。

私の主張は、哲学的に考えられることは遍在しており、その場所において、その場所の手段において哲学的な態度でもって答えを探していくことができるというものです。「それでは、なんでもかんでも哲学になるのではないか」という反論が挙げられるでしょう。その反論に対しては、哲学になるかならないかは、やはり態度次第になるのではないかと考えています。

哲学に似た性質を持つデザインを例に説明をしてみたいと思います。デザインは哲学と同じく、あらゆるものを対象にすることができます。そしてデザインの手法は対象により変化します。もちろん、手法の中心には色や形を考えることがありますが、コミュニティのデザインであれば、グラフィックを描くというよりは、人と人の関係をつくる場所を設計することであったり、アプリケーションのＵＩデザインであれば、プログラムを書きながらインタラクション（触ったときの反応や動的な情報の表示）をデザインすることも含みます。何をもってしてデザインしていると言えるのかと問われれば、「どのようにして人々の認知や行動を形づくることができるか」と考える態度であると答えることができるでしょう。だから、ただ注意書きを並べただけの看板や、機能を詰め込んだだけの製品はデザインをしたとは言えないのです。

哲学的な問いは、ときに見過ごされたり、それは自分達が答えられるものではないと考えることが放棄されてしまうことがあります。実際に私はこれまで「抽象的な議論をしても仕方がない」「そのような議論を自分達がおこなっても意味がない」という発言をよく聞いてきました。だからこそ、私は「社会をとおして哲学する」ことの必要性を主張したいと考えています。それは私達が、それぞれの場において、自ら哲学することで社会をつくっていくことです。目の前にある問いや概念は、当事者であればより明確につかむことができるだろうし、概念を改訂して使ってみることを始め、実際の活動の中で理解を深めることができるはずです。

最後に強調したいのは、これまでの哲学研究のあり方が変わる必要があると主張したいわけではないということです。デザインにもデザイン研究があり、デザインの歴史にはじまり方法論や理論が研究されている一方で、社会の中で様々なデザインの実践がおこなわれています。それと同じように――今のところ研究が中心になっていると私には感じられる――哲学において、社会の中での実践がもっとあってもいいのではないかという提案です[※5]。実際のところ、私の会社でおこなう哲学的なプロジェクトは哲学研究の恩恵をかなり多く受けています。もしかしたら研究と実践の間のプロジェクトも生まれるかもしれません。その中で、実践をしていくための手法について、もっと考えていきたいと思っています。

※1　補足すると、ラニ・ワトソンは「問いとは何か」における研究手法を実験哲学と明言していないのですが、筆者としては実験哲学的なプロジェクトであると捉えています。
※2　実験哲学は、哲学者の直観が持つとされる普遍性に対する疑問より、実験を取り入れることで発展していったという経緯があります。
※3　平倉圭著『ゴダール的方法』(2010年、インスクリプト)9~10ページ参照
※4　この議論については、『フィルカル』第2巻1号「フィクションの中の哲学」(高田敦史)に詳しく書かれています。
※5　現在おこなわれている哲学実践として、臨床哲学や哲学カフェを挙げられます。

## 問い立て君〈4コマ漫画をとおした哲学〉

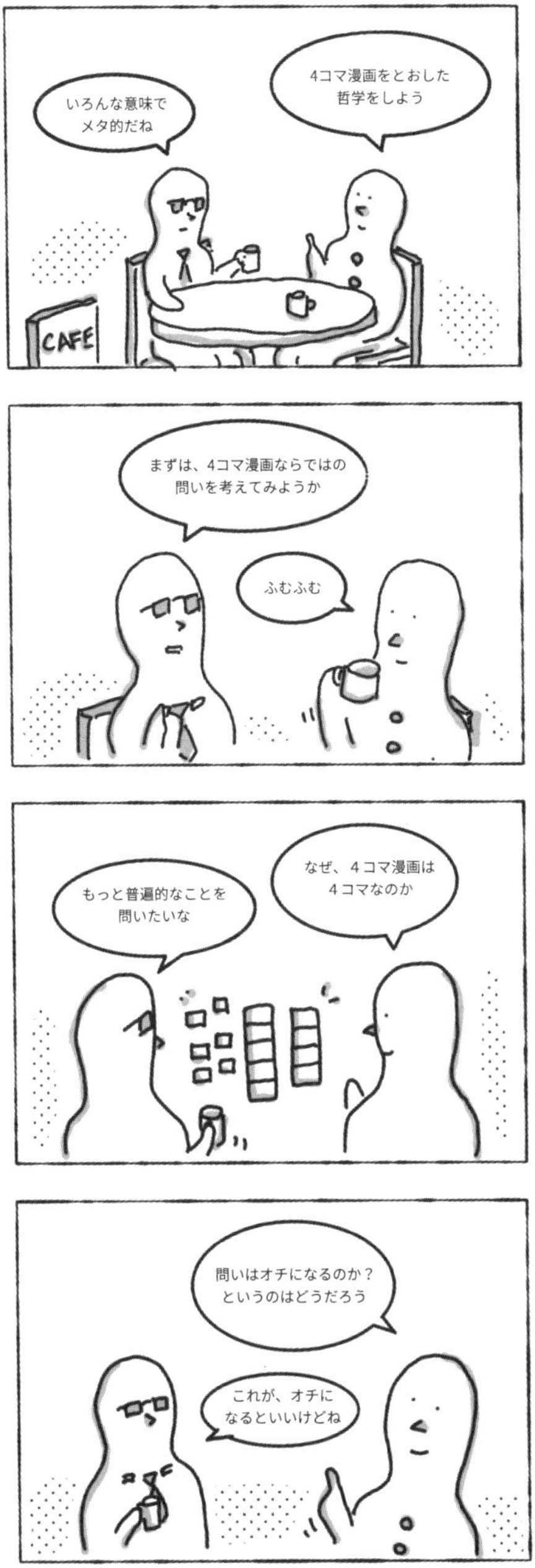

# 感情的であること、同意すること

ある日、都内にあるオフィスで仕事を終えた後、ふとした流れで国会議事堂前でおこなわれているデモに行ってみようということになった。ちょうど、入管法改正のニュースが気になっていたということ、友達も参加しているということ、場所が近かったこと、しばらくぶりにデモに行ってみたい気持ちが湧き上がっていたことが折り重なり、会社のメンバーとともに地下鉄で向かった。

桜田門駅を出て、広い道を進む。人通りは少なく、夜の闇に溶け込むように、遠くでデモの音がこだまする。信号を待っていると、デモに参加するとおぼしき人々が通りの向こうを歩いていくのが見える。そこにいたのは——仕事の合間に郵便局に寄るような——普通の人々だ。隣で同じ信号を待っている女性は、どのようにしてデモに参加しようと思ったのだろうか。信号が青に変わる。道を渡ると拡声器をとおしたスピーチの声が徐々に聞こえはじめる。デモに参加している人々が立ち並ぶ歩道の横を警察官が警備している。途中で場所を見つけてスピーチに耳を傾けていると、向こうから友達が歩いてくる。奥にもっと聞きやすい場所があるということで、一番前まで道を進んで曲がった先にちょうどよい空間を見つける。入管法改正に反対している――改正案が、実のところ改悪なのではないかと異議を唱える――議員が強く訴えると「そうだー！」という声が上がった。

この日のデモは、登壇者が順番にスピーチをしていく構成になっていて、当事者の手紙を代読する人をはじめ、議員、人権団体のメンバー、難民支援をする人々、アーティスト、弁護士のスピーチが続く。そこで語られるのは、それぞれの立場からの意見であり、物語だった。どの話も、理性的な主張であり、感情に強く訴えかけてくる。スピーチの節々では、「そうだー！」と同意の声が上がる。

＊

社会は理不尽だ。そういう自分もまた、理不尽な側に属する人間だと思う。ときに気分だけで重要な決めごとをする。何か理由があることでも、従わないときがある。

ふと、友達の相談に乗るために、横浜のとある老舗のバーに行ったことを思い出す。その店にはジュークボックスがあって、大きくやわらかな音で懐かしい曲を店内に満たしていた。友達の悩みというのは、今の仕事をこれからどのように続けるか、将来どうするかというものだ。3軒目に辿り着いたこの店で、ようやく今日の本題についての話が始まる。音楽が一瞬止まる。無音のまま、友達の話に相づちを打ってみる。老朽化で動作がゆっくりとしているのだろう、たっぷりと時間をかけてから、ジュークボックスがカチャッという音を立てると、やがて、誰もが9月に一度は耳にするアース・ウィンド・アンド・ファイヤーの代表曲が流れ出す。イントロを聴いただけでミラーボールが天井にぶら下がっているように錯覚してしまう。

「別に、お金があるとかないとかじゃなくて」

——そうだね

「大事なことはさ」

——ちゃんと、覚えていたい

（モーリス・ホワイトの歌唱が始まり、「覚えているかい？」と尋ねてくる）

友達の話を聞いているうちに、全く意味を持っていないとされている音節で構成された、自分の耳には「パイヤ」と聞こえるコーラスが始まると、店内はすっかりディスコのようなムードで、さっきまでの深刻な雰囲気はすっかり消え、話していた言葉の意味もどこかに洗い流されていってしまった。友達は笑いながら「もう、どっちでもいいや」と話すけど、何か方針を決めたようにも見えた。

＊

人の信念は感情的なものだと思う。だから感情的に何かを判断しようとするとき、いつも不安がつきまとう。自分ははたして理性的に判断できているのだろうか。しかし、哲学もまた、感情なしには――驚いたり、好奇心を持ったり、共感したり、ときに怒ったりしないことには――どうにも始まらないときがある。デモのスピーチで、弁護士が難民の問題に対して無関心であることが、やがてどのような問題につながるか訴える。論理立てて考えれば、自分達の外にいる人々を軽視する社会の態度は、やがて自分達の中にいる人々も軽視するようになるだろう（そして、実際に軽視する方向に社会は動いている）。自分も同意の声を上げてみる。

「これと、これは違う」と言ってみたり、そもそもの前提を疑う哲学は、不同意のプロセスなのかもしれない。ときに哲学とともに語られる批判的思考という表現は、日本語においてネガティブな響きを持つ。でも、本当にそうなのだろうか。反対の立場から見れば、哲学は正しいと言えることの根拠を見つけようとする。理不尽な社会においても、確かだと言える道筋を見つけること、それは同意するためのプロセスだ。

「今日、そうだー！って何回言ったかな」

デモの帰りに寄った韓国料理店で友達と話す。感情的であることと、理性的であることは両立するはずだ。感情をもとに、理性的に考えていくこと。理性的に考えたことに、感情を添えていくこと。私達が本当に求めているのは、理性的であること、感情的であること、その両方だ。今日おこなっていたのは、その二つを確かめることだったのかもしれない。

帰り道に、5月の夜は夏の中心を挟んで9月と同じ気候であることに気づく。「セプテンバー」を聴き直してみる。今日は一年に何度かしか訪れない、いい日だった気がしてくる。

# おわりに

最後まで読んでいただきありがとうございました。

本来ならば、この締めの文章は2022年の秋くらいには書いている予定だったのですが、季節は何事もなかったかのように冬を迎え、年を越し、春を駆け抜け、気づいたら観測史上稀に見る長くて暑い夏に突入、やがてそれも終わり、2023年の秋になってようやく書くこととなりました……。という文章を書いてからさらに大幅な書き直しなどを経て、現在は2024年の初夏です。「みなさんの2022年からの2年はいかがでしたか」と、つい聞いてまわりたくなるようなタイムスリップ感覚です（私は原稿を書いたり、どうにも筆が進まなくなったりしていました）。

そもそもは2022年の年明けにお話をいただき、持ち前の根拠なき自信で「半年くらいで書けそうです」と言ってしまったのが原因とも言えそうなのですが、なぜ、これほど時間がかかったのか。弁明をもって終わりの文章にしたいと思います。弁明をあたりさわりのない表現にすると「本を書くのにあたって七転八倒しながら考えていたこと」と言ってもよいかもしれません。

この本は、何かをつくりながら哲学すること、もしくは哲学しながらつくることを説明していく本だったのですが、書けば書くほど、つくることと哲学することは別の営みであるという印象が強まっていきました。そして、別の営みであるからこそ、同時におこなうことに価値があるとも感じています。はたして、この二つはどのように違うのでしょうか。

つくることと、哲学すること、この二つの営みの中で、個人的に感じた大きな違いは「理由」の取り扱い方です。哲学する上では「理由」を、まず確認しようとする傾向がありま す。「なぜ、この問いを考えるのか」、「この概念を工学することに、どのような意味があるのか」。常に理由を意識し、議論が正しい方向に向かっているか確認をしていきます。一方で、つくる上では「理由」は後から分かるものとして捉えられることが多い印象がありま す。絵を描くときであれば「とりあえず、線を一本引いてみよう」と描かれた一本の線から着想を得て、最終的に「なるほど、この線は全体の構図をガイドするラインの一部だったのか」と気づくことがあります。

もちろん、哲学においても、新しく概念をつくったり問いを立てたり、それこそ哲学をつくる局面は多くあります。そのため、哲学することと、つくることは、そもそも同じレベルで比較する対象ではないのかもしれません。しかし、あえて大きな傾向の違いを捉えようとすれば、おおまかに何かをつくろうとするときに「理由はあまり気にしなくてよい」という側面があると言えそうです。もし、何かをつくっている人に「なぜ、それをつくろうとしているのか」と理由を尋ねたら、「なんとなく面白そうだから」とか、「普段の癖で、つい手を動かしてしまったので」といったレベルの答えしか返ってこないかもしれません。端から見ると、「何か意味があるのではないか」と気になったり、「なぜ、まだ何になるか分からないものに熱中できるのか」と奇異に映ることもあるでしょう。

ただ、何かをつくることに長けた人は、つくっているうちに、「理由は後で分かりそうだ」という勘が働いており、その手応えを頼りに手を動かしているところがあります。したがって、つくる人の論理に従って理由を説明しようとすれば「なぜ、ここでこれをおこなうかというと、その理由があとから分かりそうだからだ」というものになります。確かに理由とも言えそうですが、この答えから理由の具体的な内容について議論することは難しそうです。少なくとも、つくるのに値するかどうか評価したい人が満足する答えは、事前に示されることはないでしょう。

なぜ、このようなことが気になったかというと、この本が「この話を書くと良さそうだ」という勘を頼りに書かれた文章を集めてできているからです。思えば、「なぜ、これを書く必要があるのか？」という問いには一切答えず、「ただ筆が進んだから」という理由のみで書かれたものを、後から「なるほど、こういう論理で筆が進んだのか」と振り返りながら、まとめていくという書き方をした本です。まとめていく過程では、とりあえず書かれた文章を並べ、本の構成が見えたところで順番を入れ替え、文章の流れにあわせて全体を書き直し、再び全体を見て修正をおこなうという作業を繰り返しました。最初に書いた文章はほとんど残っておらず、書いたものの収録されていないテキストはかなりの量があります。「最初に構成を決めて書けば、無駄な文章を書かずに済んだのではないか」という意見はもっともなのですが、どうも書いてみないことには書く理由が分からず、逆に書く理由を持って書いたものは、内容として面白味に欠け、ボツにしてしまうということが続きました。

なぜ、構造的に書き進めようとするとうまくいかないのか、知り合いの編集者に相談したことがあります。そのときに「思考が円環している人は本を書くのに苦労する」と教えてもらいました。円環型の思考とは、例えば「Aを説明するのにBを説明する必要があり、Bを説明するにはCを説明する必要がある。しかし、Cを説明するにはAを説明しないといけない」といったように物事を再帰的に理解している構造です。もしかしたら、「理由はあとで分かる」と考えることが、円環を成すCからAへの跳躍を生んでいるのかもしれません。

さて、本を書いていく上で一番苦労したのは、「なぜ、この内容を書くのか」という理由の説明にはじまり、ありとあらゆる議論における論理の飛躍を埋めていく作業でした。「あとで理由が分かりそうだ」と書かれた文章は、様々なところで論理の飛躍があります。なぜ、これを書いているのか理由も示されません。そのため、最後の1年は指摘をもらったところを順番に埋めていく作業を、長々と続けることになりました。

文章を書き足したり、論理の飛躍を埋められず原稿をボツにしたりしながらも、意外と良かったのは文体を変えるという作業でした。実は、書き始めた当初から文体については、ずっと違和感を覚えていました。どうすれば、読みながら問いを一緒に考えられるような文章を書くことができるか。おそれ多くもヴァージニア・ウルフの「文体とはごく素朴な問題であり、つまりすべてはリズムなのだ」という言葉を借りれば、書こうとしている内容に対して適正な文章のリズムが今一つ分かりませんでした。

その問題は、それまで「だ・である」調で書いていた文章をすべて「です・ます」調に書き直してみることで、ある一定の解決をすることができました。私の印象としては、「だ・である」調では、考えながら書くのには適しているけれど、どこか権威的な文章になってしまいます。一方で「です・ます」調で書けば読みやすくなるのですが、今一つ考えながら書いていくことができず、あたりさわりのない内容にまとまりがちです。「だ・である」調には、論理の飛躍を許容しながら書き進められるという性質があるのかもしれません。

そこで文章を書くフェーズを考えることと、伝えることの二つに分け、まず「だ・である」調で書き進めた文章を、最後に「です・ます」調で飛躍した論理を補完しながら書き直すという書き方になりました（最後にコラムとして書いた「感情的であること、同意すること」だけは、「だ・である」調で残してみました）。

その他には、書かれた内容をもとに本のテーマを少し変えることもおこないました。最初はここまでデザインの話を書くことになるとは思っていなかったのですが、友人のデザイナーが編集をおこなったデザインの同人誌に参加させてもらったりする中、少しずつデザイナーとしての自覚が生まれてきたのが影響を与えたのかもしれません（その結果、本のタイトルも「メタフィジカルデザイン」とすることになりました）。

このような紆余曲折を経て本が形になってきたのですが、それと同時に多くの哲学研究者に見てもらいながら、哲学的な議論の論理が通っていないところや、正しくないところを直す作業を続け、ようやく完成させることができました。多くのデザイナーにも途中の原稿を読んでもらったのですが、不思議なことに、例えば「なぜ、ここでこのような話をするのか分からない」といった書く理由を問う質問は、一つももらうことがありませんでした（「ここが分かりづらかった」という指摘は数多くいただきました）。もしかしたら哲学研究者とデザイナーは、同じ本を読むという行為の中でも全く別のことをおこなっているのかもしれません。哲学研究者は文章を正確に読み取ろうとし、そこで語られる論理が正しいか吟味します。デザイナーは書かれた文章から新しく考えられることに注目し、そこからさらに飛躍しようとしている印象がありました。

思えば、この二つの感覚を共存させるにはどうすればよいのか、ということを考えたかったのかもしれません。論理を組み立て理由を示すこと、飛躍しながら新しい可能性を見出すこと。たまに、その両方に長けた人に出会います。そのような人々は「理由はあとから分かりそうだ」と言いつつも、自分が今何をおこなっているかについては雄弁に語ることができます。私は「色々なものをつくっても、どこか行き当たりばったりで探究になっていない気がする」という悩みから哲学に関心を持ちはじめたのですが、気づいたら、つくることと哲学することの関係──つくるプロセスにおいて理由をどのように捉えるとよいか──を考えるようになっていました。

実は、本書で触れられなかったテーマの一つに「編集」または、「編集的な思考」というものがあったのですが、哲学とデザイン、そこへさらに編集というテーマを組み込むと、円環が大きくなりすぎて収拾がつかなくなってしまい、大幅にカットすることとなりました。それを書くには、私の編集経験がまだ浅すぎたのかもしれません。「編集」も哲学やデザインと同じく、あらゆるものを対象にすることができ、人々の「認知」を形づくることに貢献しようとする手段です。編集と哲学の関係については、2021年の哲学若手研究者フォーラムで「雑誌編集をとおして哲学するとはどういうことか?」というタイトルで発表したことがあるのですが、デザインと編集の関係、またはデザインと哲学と編集が織りなす思考のあり方については、まだ話せていません。この話については、またどこかで書いてみたいと思っています。

さて、本を書いた理由についてぐるぐると考えていたら、うっかりとまた季節が変わりそうです。最後は、『ソクラテスの弁明』のように毒杯をあおる……ということはせず、謝辞を述べていきたいと思います。

まずは、今回の本のご依頼をいただいた左右社の編集者である塙花梨さん。ワークショップにもご参加いただき、書こうとしている内容を分かりやすく伝える方法を常に考えていただきました。私が深みにはまり、ぐるぐると悩みはじめても、辛抱強く支えていただいたおかげで、なんとか完成まで辿り着くことができました。おそらく塙さん以外の方が担当していたら、本はこのような形に完成していなかったと思います。本当にありがとうございました。また、途中でテーマを変えてみることや、様々な助言をいただいた左右社の小柳学社長にも大変感謝しています。そして、素晴らしい装丁をしていただいた服部一成さん、おかげさまでとても素敵な本になりました。

続いて、ワークショップに参加いただき、また原稿も読んでいただいた押田一平さん、鈴木佐知子さん、秋山福生さん。皆さんの柔軟な発想や豊かな感性のおかげで、ワークショップの実践もとても面白い内容になりました。

哲学研究者の村山正碩さん、田代伶奈さん、堀越耀介さん、遠藤進平さんには、かなり細かく本文について指摘をいただくことができました。どこまで反映できたかは分からないのですが、かなりの数の論理の穴や説明の荒いところを直すことができたと思います。また、木下頌子さんには、サリー・ハスランガーの論文の分からないところについて、質問に答えていただきました。永井玲衣さんは、私が本を書き始めて、まだどのような内容を書くか、またどのような文体にするべきか悩んでいるときに相談に乗っていただき、とても参考になるアドバイスをいただきました。

また多くのデザイナーの友人には、途中で書いた原稿の感想をいただくことでとても励みになりました。（その励ましがなければ、どこかで書くことを断念してしまったかもしれません……！）

ｎｅｗＱのブランディングもおこなっていただいたｈａｔｒａの長見佳祐さんは、そういえば私が考える身近なつくりながら哲学する人の一人です。「Ｘをとおした哲学」の例を説明するにあたり、ファッションに関する、とても示唆的な意見を引用させていただきました。また、デザイナーの清水淳子さんも「つくりながら哲学する人」です。以前に『ニューＱ』で対談記事をつくったときの気づきが、今回の本の内容へとつながっています。また、吉竹遼さんには同人誌『私的デザインの現在地』にお声がけいただいたことが、デザインについて考えるいいきっかけになりました。

その他にも、哲学へ興味を持つきっかけとなる「人工知能のための哲学塾」へお誘いいただいた三宅陽一郎さんがいなければ、哲学雑誌の『ニューＱ』も哲学事業部のｎｅｗＱもこの世には存在しなかったでしょう。

また、哲学事業部のｎｅｗＱへ、大変面白くやりがいのある仕事を発注していただき、一緒に哲学していただいたクライアントの皆様にも感謝します。様々な実践なしには、この本で語られているようなワークショップの手法も、組織の中において哲学するという世界観も描くことはできませんでした。

また、『ニューＱ』の編集にはじまり、ワークショップの企画とファシリテーション、そして原稿を読みながら粘り強く議論に付き合っていただいた今井祐里さん、本当にありがとうございました。仕事の上でも、哲学の議論の相手としても、とても頼れる存在です。この本に書かれている内容は、どこまで今井さんの考えで、どこから自分の考えなのか、もはや分からなくなりつつあります。また同じくｎｅｗＱメンバーであり、美学者の難波優輝さんにも同じく議論の相手をしてもらい、参考となる文献の紹介や、引用した論文の分からないところについて色々と教えてもらい、とても助かりました。また、会社として「問い」についてて探究しようとリサーチする中で、ラニ・ワトソンの論文「問いとは何か」を見つけてもらいました。

そして今井さん、難波さんに続き、ｎｅｗＱメンバーの山本華さん、大島水音さんには、哲学やつくることに関して分からなくなったときに、アーティスト、デザイナーとしての意見を聞かせてもらったり、いつまで経っても本が完成しない状況を温かく見守ってもらえました。皆さんと雑誌をつくったり、仕事をする中で議論してきたことがこの本に活かされています。

最後に、読んでいただいた皆様、あらためて本当にありがとうございます。この本をきっかけに、より多くの人が哲学すること、そしてつくることに感心を持っていただけるとうれしく思います。

2024年5月29日

# 参考文献


## 第１章 問いを立てる

・三宅陽一郎（２０１６）『人工知能のための哲学塾』ビー・エヌ・エヌ新社
・株式会社セオ商事（２０１８）『ニューＱ Issue01 新しい問い号』
・Watson, L. (2021). What is a Question. Royal Institute of Philosophy Supplements, Vol.89, pp.273-297.
・ｎｅｗＱ「哲学論文レビュー：「問いとは何か？」ラニ・ワトソン（２０２１）」
https://progressive.theocorp.jp/n/nb17b4d58683f?magazine_key=m6929e2a068c3（最終アクセス２０２４年６月25日）
・原章二（１９９６）『《類似》の哲学』筑摩書房
・河野哲也編・得居千照・永井玲衣編集協力（２０２０）『ゼロからはじめる哲学対話（哲学プラクティス・ハンドブック）』ひつじ書房
・梶谷真司（２０２３）『哲学対話の冒険日記』あいり出版

## 第２章 概念を工学する

・株式会社セオ商事（２０１９）『ニューＱ Issue02 エレガンス号』
・公益社団法人 日本ＷＨＯ協会「健康の定義」
https://japan-who.or.jp/about/who-what/identification-health/（最終アクセス２０２４年６月25日）
・臼田寛・玉城英彦・河野公一「ＷＨＯ憲章の健康定義が改正に至らなかった経緯」日本公衆衛生雑誌、第47巻第２号１０１３～１０１７ページ
・ナショナルジオグラフィック日本版「ニュージーランドが川に『法的な人格』を認めた理由」２０２０年３月
https://natgeo.nikkeibp.co.jp/atcl/news/20/022700131/（最終アクセス２０２４年６月25日）
・一般財団法人環境イノベーション情報機構「自然物の当事者適格」
https://www.eic.or.jp/ecoterm/?act=view&serial=1105（最終アクセス２０２４年６月25日）
・サリー・ハスランガー（２０２２）「ジェンダーと人種——ジェンダーと人種とは何か？　私たちはそれらが何であってほしいのか？」木下頌子訳、『分析フェミニズム基本論文集』木下頌子・渡辺一暁・飯塚理恵・小草泰編訳、慶應義塾大学出版会、３～44ページ
・キャスリン・ジェンキンズ（２０２２）「改良して包摂する——ジェンダー・アイデンティティと女性という概念」渡辺一暁訳、『分析フェミニズム基本論文集』木下頌子・渡辺一暁・飯塚理恵・小草泰編訳、慶應義塾大学出版会、45～84ページ

・ＢＢＣ「『強化尋問』を考案の心理学者が証言　米同時攻撃、公判前審問」
https://www.bbc.com/japanese/51201929（最終アクセス２０２４年６月25日）
・戸田山和久・唐沢かおり編（２０１９）『〈概念工学〉宣言！──哲学×心理学による知のエンジニアリング』名古屋大学出版会
・Herman Cappelen, David Plunkett（2020）Introduction: A Guided Tour of Conceptual Engineering and Conceptual Ethics. In *Conceptual Engineering and Conceptual Ethics,* eds. Alexis Burgess, Herman Cappelen, and David Plunkett, pp.1-26. Oxford University Press.
・Herman Cappelen（2020）Conceptual Engineering The Master Argument. In *Conceptual Engineering and Conceptual Ethics,* eds. Alexis Burgess, Herman Cappelen, and David Plunkett, pp.132-151. Oxford University Press.
・Steffen Koch, Guido Löhr, Mark Pinder（2023）Recent work in the theory of conceptual engineering. *Analysis*, Vol.83, Issue3, pp.589-603
・笠木雅史（２０２０）「「哲学」の概念工学とはどのようなことか」『哲学の探求』第47号２～26ページ
・マーク・スティックドーン、アダム・ローレンス、マーカス・ホーメス、ヤコブ・シュナイダー編著（２０２０）『This is Service Design Doing：サービスデザインの実践』安藤貴子・白川部君江訳、長谷川敦士監修、ビー・エヌ・エヌ新社
・国立国会図書館「レファレンスサービス」
https://www.ndl.go.jp/jp/library/reference.html（最終アクセス２０２４年６月25日）

## 第３章 メタフィジカルデザイン

・株式会社セオ商事（２０２１）『ニューQ Issue03 名付けようのない戦い号』
・ピーター・マーホールズ、ブランドン・シャウアー、トッド・ウィルケンズ、デヴィッド・ヴァーバ、高橋信夫訳（２００８）『Subject to Change──予測不可能な世界で最高の製品とサービスを作る』オライリー・ジャパン
・TeenVogue「The Radical History of Self-Care」
https://www.teenvogue.com/story/the-radical-history-of-self-care（最終アクセス２０２４年６月25日）
・Timothy Williamson（2017）Model-Building in Philosophy.In *Philosophy's Future: The Problem of Philosophical Progress,* eds., Russell Blackford, Damien Broderick, pp.159-171, John Wiley & Sons
・ティモシー・ウィリアムソン、廣瀬覚訳（２０２３）『哲学がわかる 哲学の方法』岩波書店
・ジェームス・W・ヤング、今井茂雄訳（１９８８）『アイデアのつくり方』ＣＣＣメディアハウス
・シンコーミュージック・エンタテイメント（２０１８）『Jazz The New Chapter 5』
・nesta「Using digital technology to get people involved in social action」

https://www.nesta.org.uk/project/centre-social-action-innovation-fund/centre-for-social-action-innovation-fund-digital/
・高田敦史「フィクションの中の哲学」フィルカル、第２巻１号、92～１３１ページ
・鈴木貴之編著（２０２０）『実験哲学入門』勁草書房
・平倉圭（２０１０）『ゴダール的方法』インスクリプト

おわりに

・アーシュラ・K・ル＝グウィン著、大久保ゆう訳（２０２１）『文体の舵をとれ』フィルムアート社

# newQ事例集

## ニューQ Issue01 新しい問い号（2018）

セオ商事

新しく雑誌を作ろうと思うんだ
― 良いアイデアだね！それは紙の雑誌？それとも流行りの電子的な何かかな？

哲学の雑誌なんだ
― ふうん、何でできているのかな？

“問い” かな？

― つまり、問いでできた紙か電子の雑誌なんだね。もしかしてZINEみたいなものかな？

答えより問いの方が面白いでしょ？

― なるほど。じゃあ、その問いってなんだろう？


そんな問いから、新しい問いを考える哲学カルチャーマガジン「ニューQ」創刊です。

みなさんとあたらしい問いを考えられる、そんな楽しい雑誌にしたいと思います。

末長く、お付き合いいただけると幸いです。

ニューQ編集部

## ニューQ Issue02 エレガンス号（2019）

セオ商事

最近、アートやファッションについて考えているんだ
— ふうん、僕は物理とか宇宙の勉強に夢中だよ
今日はそのことについて同時に話し合ってみたいんだ
— どうやって？
まず、エレガンスについて問うてみるのはどうかな？
— それは、なかなかエレガントだね

「エレガンスってなんだろう？」そんな問いから、エレガンス号のはじまりです。
みなさんと一緒に考えていきたいと思います。

ニューQ編集部

## ニューQ Issue03 名付けようのない戦い号（2021）

セオ商事

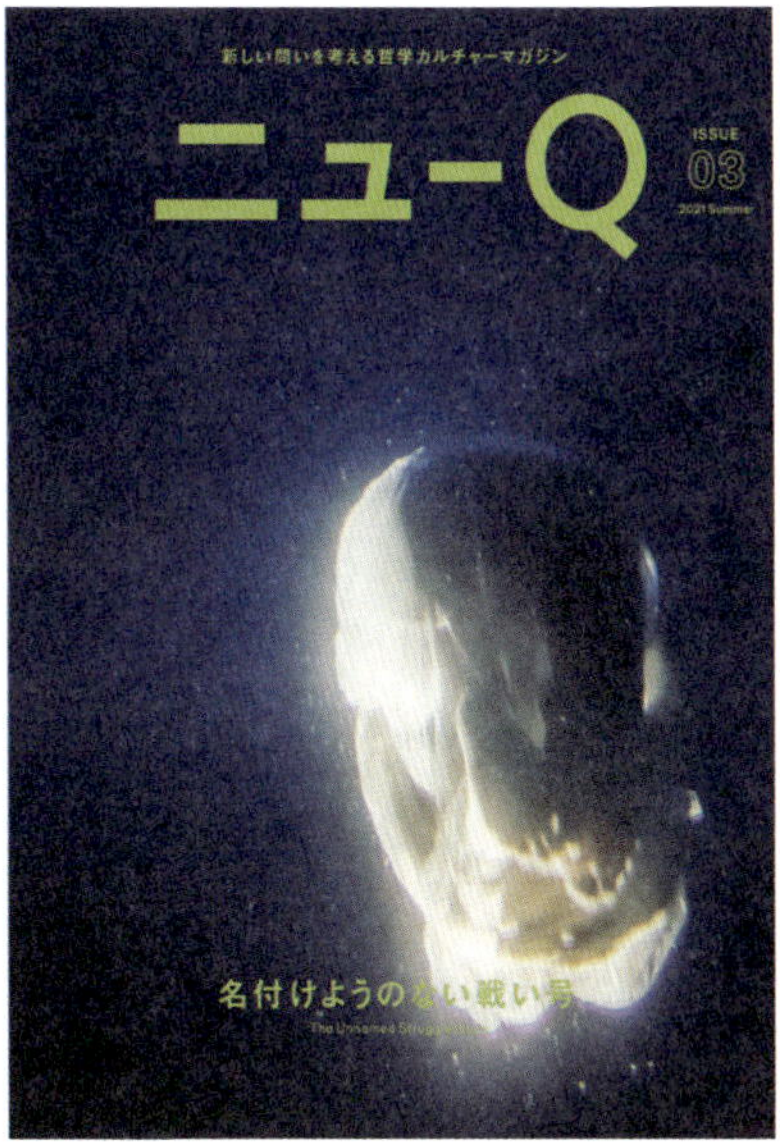


何をやっているのか分からないけれど、何かやっていることってないかな？
— その何かが分かれば良いんだけどね
分かっているときもあれば、どのようにやれば良いか分からないときもあるし、
やっていくうちに分からなくなることもある
— つまり、名付けようのない戦いってことかな？

「名付けようのない戦い」とは何なのか？社会を見渡しながら考えてみると、
なにか見つかるかも知れない。今回は、そのようにして生まれた号です。

ニューQ編集部

# 感性計測ワークショップ（2020）

ヤマハ株式会社

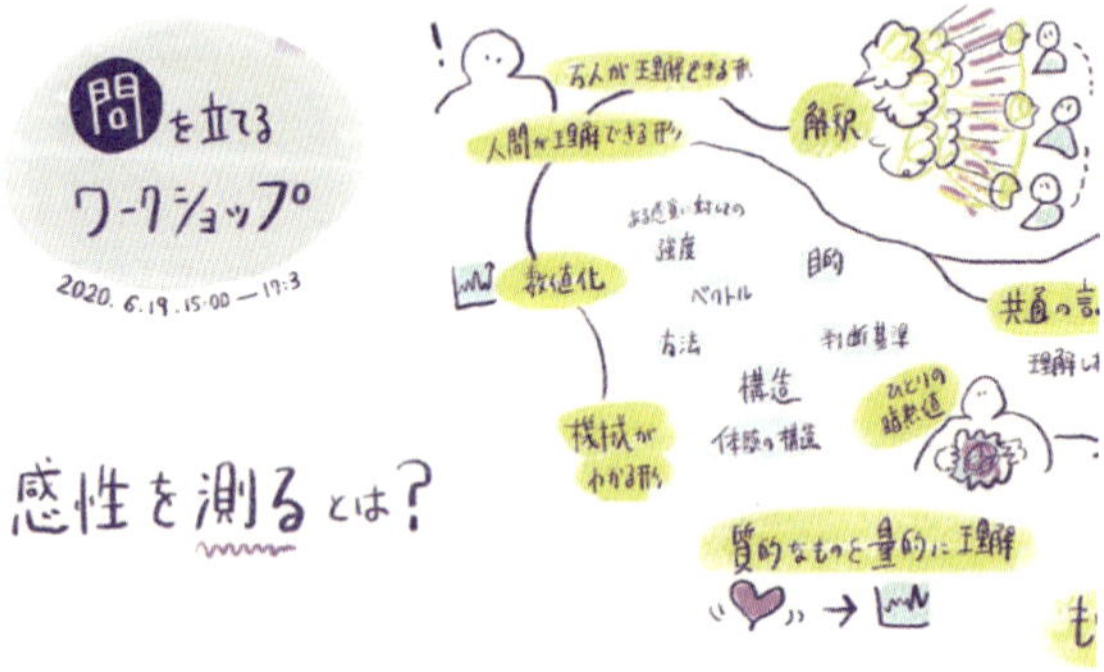


ワークショップを通して、研究グループが探究すべき問いやテーマを明らかにし、議論の基盤や共通の言語をつくっていくプロジェクト。

# NEW TOWN, NEW EXPERIENCE
## これからのまちの豊かさを考えるBOOK（2022）

京王電鉄株式会社

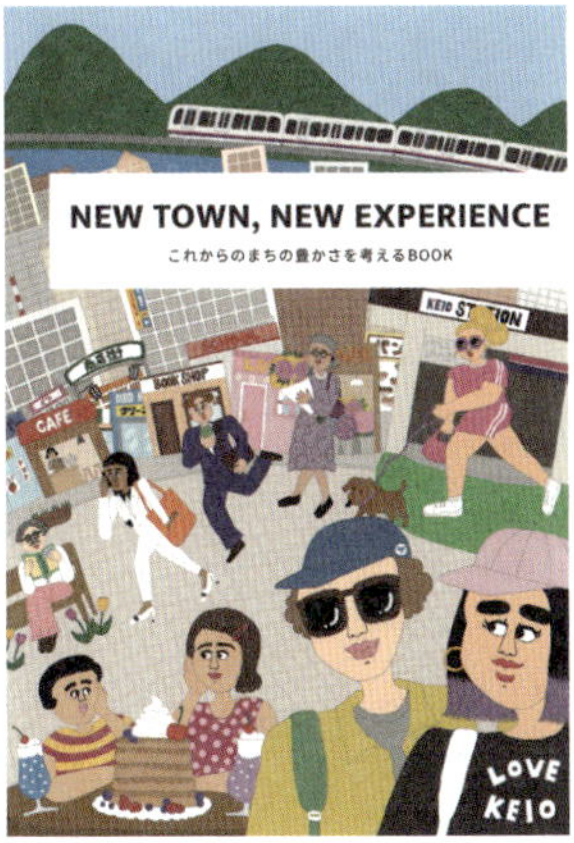

インタビューやワークショップを通して、「これからのまちの豊かさ」を測るための新しい指標を立てるプロジェクト。

## IMAGINING IMAGING!（2023）
富士フイルム株式会社

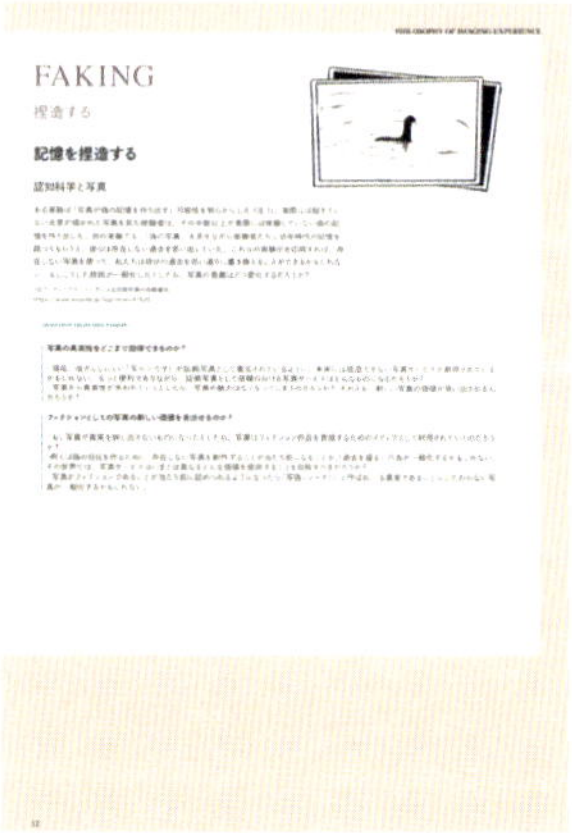


インタビューやワークショップ、リサーチを繰り返しながら、
未来のイメージング体験について探究をおこなったデザインリサーチのプロジェクト。

# 街の中の私たちを再考する（2024）

プロジェクト・コミッション：有楽町アートアーバニズム YAU
企画：newQ
協力：TOKYO PHOTOGRAPHIC RESEARCH

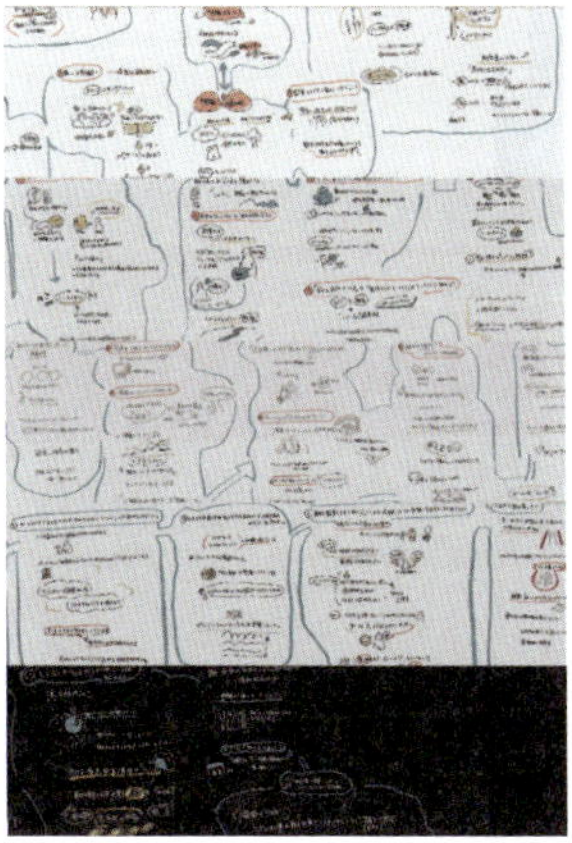

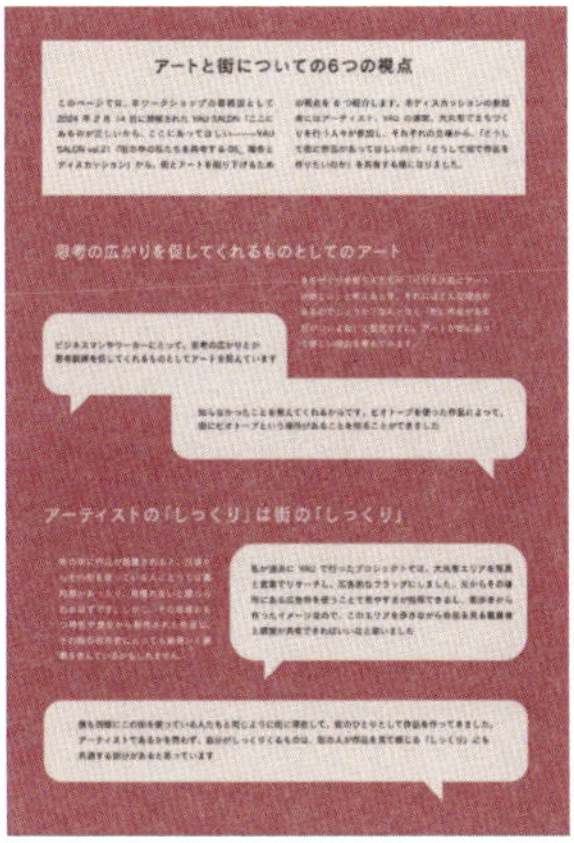


読書会やワークショップを通して、アーティストが主体となって、
都市におけるアートの役割と制作のあり方を探究するプロジェクト。

瀬尾浩二郎（せお・こうじろう）
1979年生まれ。慶應義塾大学環境情報学部卒業。システム開発会社にてエンジニアとして勤務後、2005年に面白法人カヤック入社。エンジニア、クリエイティブディレクターとしてWebサービスやモバイルアプリ、広告を制作。2014年4月よりセオ商事として独立。サービスデザインをはじめ、リサーチやワークショップの運営、編集をおこなう。哲学カルチャーマガジン『ニューQ』編集長。（漫画を描くときのペンネームはセオショージ）

メタフィジカルデザイン
つくりながら哲学する

2024年10月15日　第一刷発行

著者　瀬尾浩二郎

発行者　小柳学
発行所　株式会社左右社
〒151-0051 東京都渋谷区千駄ヶ谷3-55-12-B1
TEL 03-5786-6030　FAX 03-5786-6032
https://www.sayusha.com

ブックデザイン　服部一成／榎本紗織
印刷　創栄図書印刷株式会社


ISBN978-4-86528-421-8